Aber ich habe doch so viel für dich getan!

Aber ich habe doch so viel für dich getan!
Schluss mit emotionaler Erpressung

Ina Lingner

Impressum
Bibliografische Information der Deutschen Nationalbibliothek:
Die Deutsche Nationalbibliothek verzeichnet diese Publikation
in der Deutschen Nationalbibliografie; detaillierte bibliografische Daten sind im Internet über dnb.d-nb.de abrufbar.

TWENTYSIX – der Self-Publishing-Verlag
Eine Kooperation zwischen der Verlagsgruppe Random House
und BoD – Books on Demand

© 2017 Ina Lingner
2. Auflage 2018

Herstellung und Verlag:
BoD – Books on Demand, Norderstedt

Coverdesign/Satz:
Jörg Matern, Diplom Grafik Designer
Titelfoto: © panthermedia.net / natis76

ISBN: 978-3-7407-4918-7

Inhalt

Emotionale Erpressung in der Beziehung ... 7
Emotionale Erpressung – Definition ... 15
Wie fühlst du dich? ... 21
Sabine und Lukas ... 23
Beziehung heute ... 34
Egoismus und Achtsamkeit ... 37
Bedingungslose Liebe und persönliche Grenzen ... 41
Gestörte Persönlichkeiten – und emotionale Erpressung ... 44
Die narzisstische Persönlichkeitsstörung ... 49
Die paranoide Persönlichkeitsstörung ... 54
Die schizoide Persönlichkeitsstörung ... 56
Die histrionische Persönlichkeitsstörung ... 58
Die emotional instabile Persönlichkeitsstörung (Borderline-Typ) ... 60
Die dissoziale Persönlichkeitsstörung ... 62
Die anankastische Persönlichkeitsstörung ... 64
Die dependente Persönlichkeitsstörung ... 65
Die selbstunsichere Persönlichkeitsstörung ... 68
Emotionale Erpressung – die Methoden ... 70
Vorwürfe machen: »Du würdest dich niemals so verhalten, wenn du mich wirklich lieben würdest!« ... 71
Bedingungen stellen: »Wenn du mich liebst, wirst du das für mich tun!« ... 75
Forderungen stellen: »Du musst … sonst bin ich nicht glücklich.« ... 79
Moralische Vorwürfe: »So was tut man einfach nicht!« ... 81
Stiller Vorwurf mit Leidensmine: »Schau mich an, ich armes Opfer!« ... 85
Aufrechnung von Gefälligkeiten: »Und das, obwohl ich so viel für dich getan habe!« ... 92
Lucia und Thomas ... 96
Andere Menschen involvieren ... 102
Susanne und Jürgen ... 106
Drohungen: »Ich bringe mich um!« ... 111

»Ohne dich hat mein Leben keinen Sinn mehr.« _____118
»Wenn du nicht ... dann verlasse ich dich!« _____120
Die Wahrheit wird verdreht _____123
»Ich meine es doch nur gut mit dir.« _____126
Du bist so egoistisch! _____130
An Verpflichtungen erinnern _____132
An die Opfer erinnern, die man für dich erbracht hat _____138
Beleidigtes Schweigen _____141
Das Verweigern von Nähe und Sexualität _____146
Unangemessene Dankbarkeit erzeugen _____150
Täter und Opfer _____157
Abwertung _____162
Manche haben es anders gelernt _____165
Emotionale Erpressung bei Trennungen _____167
Überprüfe dich selbst! _____169
Wer emotional erpresst, denkt nur an sich selbst _____173
Schlusswort _____175
Über die Autorin _____179

Emotionale Erpressung in der Beziehung

Es ist viele Jahre her, schon fast nicht mehr wahr … aber da stand er vor mir, mein späterer Ex. Ich wollte die Beziehung beenden, denn ich empfand sie als drückend und belastend. Wir hatten nichts gemeinsam, ich konnte nichts von dem tun, was ich tun wollte. Er machte mich runter oder versuchte es zumindest, er zettelte Streit an, wo es nicht mal einen wirklichen Grund gab, nur damit ich mich einzig und alleine auf ihn und seine Belange konzentrierte. Also sagte ich ihm eines Abends, dass ich diese ganze Nummer abhaken werde. Ende und Aus. Was folgte, gab mir ordentlich zu denken. Erst einmal gab es fürchterlichen Streit, bei dem er so laut wurde, dass die Nachbarn begannen, an Zimmerdecke und Wände zu klopfen. Dann brach er weinend zusammen, lag vor mir auf dem Boden, und – was ich schrecklich fand – umklammerte mit beiden Armen meine Füße und weinte. Ich wusste überhaupt nicht, was ich tun sollte. Noch sehr jung und unerfahren damals, fühlte ich mich einfach nur hilflos. »Das hast du aus diesem Mann gemacht«, schoss es mir durch den Kopf. »Der starke Kerl, jetzt liegt er hier und heult und bettelt.«

Er war nicht stark, aber es dauerte noch eine Weile, bis ich das verstand. Er konnte nur sehr laut werden, er konnte sehr beleidigend werden, und vor allem hatte er sehr schnell, vielleicht schon zu Beginn unserer Beziehung, verstanden, dass ich mich (damals) sehr schnell schuldig fühlte. Schuldig für dieses Häufchen Elend, das da vor mir lag, jammerte, bettelte, und mir die tollsten Versprechungen machte. Alles würde anders werden, jawohl. Menschen können sich ändern, jawohl. Behauptete er. Nein, weinte er.

Er begriff überhaupt nicht, oder wollte nicht begreifen, dass der Bogen längst überspannt war. Es ging gar nicht mehr um seine alltäglichen Dramen, die er inszenierte, um mich ans Haus zu binden, damit er mich immer schön unter Kontrolle hatte. Es ging längst nicht mehr darum, dass er sich seine Beleidigungen abgewöhnte, mit denen er mich ständig bedachte. Es ging schlichtweg darum, dass er mich nicht mehr interessierte. Ich liebte ihn nicht mehr, ich wollte nur noch da weg, von ihm weg, ihn am besten nie wieder sehen müssen. Ich hatte überhaupt keine Gefühle mehr für ihn, jedenfalls keine positiven. Seine ganzen Versprechungen auf Veränderung also – die waren mir zu diesem Zeitpunkt schon ziemlich egal. Ich wollte nicht, dass er sich ändert, ich wollte einfach nur nicht mehr mit ihm zusammen sein. Und da es meine Wohnung war, wollte ich, dass er auszieht.

Es dauerte aber insgesamt noch zwei Jahre, bis ich dieses Ziel erreichte. Immer wieder ließ ich mich weich klopfen, aber nicht aus Liebe, sondern aus einem schlechten Gewissen heraus. Wir hatten oft Trennungsgespräche, denn ich wollte wirklich nicht mehr. Aber da waren dieses Weinen und dieses Betteln, häufig wirklich wie ein Häufchen Elend zu meinen Füßen – und ich fühlte mich schrecklich. Da kam ständig dieses »Ich kann ohne dich nicht leben!« Ich fühlte mich wie der furchtbarste Mensch der Welt. Manchmal fuhr er in solchen Situationen einfach weg, raste mit dem Auto davon und kam stundenlang nicht wieder. Stunden, in denen ich Fingernägel kauend auf dem Sofa saß, voller Angst, er könnte gegen den nächsten Baum rasen, denn meist murmelte er im Rausflitzen noch etwas in dieser Art. Mit der Zeit veränderte sich die Masche und er jammerte und bettelte nicht mehr zu meinen Füßen, weil ich ihm irgendwann sagte, dass das unwürdig ist. Also saß er leise weinend auf der Couch, mit tränenüberströmtem Gesicht, was sich für mich auch nicht besser anfühlte. Letztlich schickte er mir seinen Bruder vorbei, der mir ins Gewissen reden sollte. Seine Mutter, mit der ich mich gut verstand und die mir klarmachen sollte, dass er doch gar kein schlechter Kerl ist. Mehr und mehr bekam ich das Gefühl, nicht mehr atmen zu können, nicht leben zu können, wie ich es wollte. Ich ließ mich zwei Jahre lang immer wieder breit schlagen, diese Beziehung, die ich inzwischen hasste wie nichts sonst auf der Welt, fortzuführen. Und das alles nur aus einem schlechten Gewissen heraus.

Und dann, eines Tages, fiel es mir wie Schuppen vor den Augen: Das war emotionale Erpressung. Nicht nur das. Dieser Mann hatte mich vom ersten Tag an emotional erpresst. Schon zu Anfang der Beziehung hatte er geklammert und furchtbar »gelitten«, wenn ich mal was für mich selbst tat und er nicht meine gesamte Aufmerksamkeit bekam. Es störte ihn, wenn ich las. Es störte ihn, wenn ich Besuch von einer Freundin bekam. Es störte ihn, wenn ich eine Freundin besuchte. Es störte ihn, wenn meine Freundinnen und ich abends ausgingen. Es störte ihn, wenn ich einen Film sehen wollte. Wahrscheinlich muss ich nicht erwähnen, dass er davon ausging, dass ich damit klarkomme, wenn er selbst all diese Dinge tut. Es ging ja nur um ihn, und wenn er ausging, saß er ja nicht neben einer lesenden Frau, die ihm keine Aufmerksamkeit schenkte. Wenn er sich mit seinen Kumpels traf, während ich zu Hause saß, wusste er, im schlimmsten Fall lese ich ein Buch oder schaue mir einen Film an, möglicherweise telefoniere ich mit einer Freundin. Aber er selbst, er hatte ja seinen Spaß in solchen Stunden, und das war natürlich in seinen Augen völlig in Ordnung. Um das zumindest teilweise durchzusetzen, war ihm alles recht, was mir ein schlechtes Gewissen verursachte. War ich unterwegs, erzählte er mir vorher noch, er wüsste nicht, was er sich zu essen machen sollte. »Na, dann esse ich eben nichts«, kam dann hier und da mal. Anfangs war ich auf diesen Zug noch voll aufgesprungen, irgendwann sagte ich ihm: »Hallo? Du bist doch ein großer Junge, du kannst dir doch selbst was machen?«

Aber nein, das konnte er natürlich nicht, denn er konnte ja so vieles, aber nicht kochen. Natürlich konnte er sich ein Brot machen, aber nach einem ganzen Tag Arbeit…

Ich kürze das ab. Er hat mir von Anfang an mit den dümmsten Sachen ein schlechtes Gewissen gemacht und ich habe es erst gemerkt, als ich mich trennen wollte, weil ich es nicht mehr aushielt. Dieses drückende Gefühl, das auf mir lastete, dieses

Empfinden, als würde ich kaum atmen können, dieser ständige, innere Druck! Ich kann durchaus von einem ständigen, inneren Druck sprechen, denn an dem Tag, als ich diese Nummer durchschaute, wurde mir klar, dass ich tatsächlich rund um die Uhr das Gefühl hatte, unter Druck zu stehen. Egal was in meinem Leben passierte, ich fragte mich ständig, welchen Ärger das nun wieder geben würde, wie er wohl wieder reagieren könnte. Ich erwischte mich sogar dabei, wie ich darüber nachdachte, auf welchem Weg ich ihm schonend beibringen könnte, dass ich am nächsten Wochenende mit meinen Freundinnen eine Pizza essen gehen würde. Damit musste Schluss sein. Ich war stinksauer, als ich durchschaute, dass ich das Opfer emotionaler Erpressung war. Zuerst auf ihn, dann auf mich selbst.

Als er an diesem Abend nach Hause kam, ging auch gleich das Theater wieder los. Ich weiß nicht mehr, worum es ging, es ist ja mehr als dreißig Jahre her, ich war, wie gesagt, noch sehr jung. An diesem Abend machte ich ein nächstes Mal Schluss – und es war ein letztes Mal. Er versuchte zu diskutieren – eine Unart, die mich in den zwei Jahren davor immer wieder massiv Energie gekostet hatte, denn die Diskussionen drehten sich im Kreis. Als ich darauf nicht einging, fing er an zu heulen. Ich schnappte mir mein Buch und legte mich in die Badewanne. Als ich wieder rauskam, hatte er das Wohnzimmer schön aufgeräumt, wofür er sich normalerweise zu fein war. Ich tat, als merke ich es nicht. Er hatte sogar Kerzen angezündet und kam dann näher herangerückt. Ich wehrte ihn ab und erklärte ihm ein nächstes Mal: »Es ist vorbei, ich möchte dass du ausziehst.« Daraufhin fing er an, still und leise zu weinen. Es ist schwer, sich auf sein Buch zu konzentrieren, wenn da einer sitzt und dicke Krokodilstränen weint. Und natürlich liest man so oder so nicht. Das Buch ist nur ein kleines Helferlein, das ihm signalisieren soll: Es ist vorbei und ich bin nicht mehr gesprächsbereit. Er riss mir das Buch aus der Hand und warf es vom Balkon. Ich schaltete den Fernseher an. »Ich will nicht mehr reden«, sagte ich. »Es ist alles gesagt.«

Das Weinen wurde lauter, er fing wieder an zu jammern und zu betteln. An irgendeinem Punkt umklammerte er wieder meine Beine, lag vor mir auf dem Boden und heulte und winselte und versprach, mir die Sterne vom Himmel zu holen. Ich sagte ihm, dass das Ganze würdelos ist, und bat ihn, aufzustehen, meine Beine loszulassen. Er setzte sich, starrte mich minutenlang an und dann erhob er sich mit einem ganz betont schleppenden Gang. Zog seine Jacke über und murmelte: »Ich überlebe das nicht, wenn du mich verlässt. Ich kann ohne dich nicht leben.«

»Du wirst es müssen«, sagte ich. »Und wenn du nicht überlebst, ist das deine Angelegenheit. So oder so bin ich dann wieder frei und kann mein Leben endlich wieder so führen wie ich es führen will.« Daraufhin griff er nach seinen Autoschlüsseln und murmelte irgendwas von »Baum« und »hohe Geschwindigkeit« und »das merkt man wahrscheinlich nicht mal«. Ich ließ ihn ziehen und als er wieder nach Hause kam, lag ich längst im Bett und schlief. Am nächsten Tag verhielt er sich »verletzt«. Er war sehr schweigsam, aber nicht beleidigt schweigsam, sondern schweigsam in tiefer Trauer. Sobald ich das Wort an ihn richtete – wenn man zusammen lebt, spricht man ja auch miteinander – riss er die Augen auf, war sofort voller Aufmerksamkeit ganz bei mir, seine Antworten auf meine Fragen klangen aber tonlos, mutlos und als sei er kurz vor dem Sterben. Ich bemerkte es nicht, jedenfalls nicht offiziell. Das Spiel lief noch ein paar Tage so weiter. Schließlich packte er seine Sachen, ging aber nicht. Nein, er stellte seine Koffer und Kisten in den Flur, setzte sich noch mal mir gegenüber auf das Sofa und zeigte Gesprächsbereitschaft. »Nein«, sagte ich, »wir reden nicht mehr. Es ist genug gesagt worden. Du gehst jetzt und das war es mit uns.«

Daraufhin erklärte er mir mit tieftraurigem Gesicht und vollkommen tonlos: »Ja, keine Sorge, ich bin heute noch weg. Aber heule dann auf meiner Beerdigung nicht rum. Wenn ich aus dieser Tür rausgehe, hast du mich auf dem Gewissen.« Ich schaute ihn nur an und fragte ihn, ob er etwa Krebs hat und ob ich das verursacht habe. Er ging, nicht ohne mich vorwurfsvoll anzuschauen. Wenige Wochen später traf ich ihn mit seiner neuen Freundin und er war die Lebenslust pur. Mir ging es allerdings auch blendend, denn ich hatte mein Leben zurück und konnte wieder atmen.

Warum ich das erzähle? Sollte man nicht glauben, dass ein Coach, der ein Buch über emotionale Erpressung schreibt, weiß, wie man mit solchen Dingen umgeht? Ja, sollte man glauben, darf man auch. Aber auch ein Coach musste irgendwann mal lernen. Man kann nur Dinge weitergeben, die man selbst erlebt, erfahren und verstanden hat. Alles andere halte ich für wenig glaubwürdig.

Ich bin heute noch dankbar für diese Erfahrung, wirklich. Ich habe dadurch schon in sehr jungen Jahren eine wichtige Lektion gelernt. Das soll aber nicht heißen, dass ich nie wieder mit emotionaler Erpressung zu tun gehabt hätte – denn das hatte ich. Emotionale Erpressung kommt auf vielen Wegen daher und sie ist nicht immer so deutlich erkennbar. Emotionale Erpresser sind geschickt, und natürlich sind Menschen individuell und haben ihre eigenen Ziele. Mein erster Freund, mit dem ich zusammenlebte, wollte meine gesamte Aufmerksamkeit, immer wissen wo ich bin, am liebsten wusste er mich stets zu Hause. Er mochte es nicht, wenn ich las oder wenn ich mit anderen Menschen im Gespräch war. Er mochte nichts, was meine Aufmerksamkeit beanspruchte. Der Nächste, mit dem ich zusammen war, hatte mit diesen Dingen überhaupt kein Problem. Ich konnte tun und lassen was ich wollte, dass ich so viel las, fand er toll, dass ich eigene Freunde hatte, fand er auch toll. Was er suchte, war ein günstiges Leben, eines, das vorwiegend von mir finanziert wurde, denn er selbst, er sparte da auf eine für ihn ganz große Sache. Auch da dauerte es ein Weilchen, bis ich dahinter stieg, dass es emotionale Erpressung ist, wenn er sagte: »Na dann, wenn du drauf bestehst, dass ich die Hälfte der Miete übernehme ... dann wird es natürlich noch länger dauern, bis ich …«. Er sagte das nicht einfach so, sondern sprach dann immer sehr leise, sehr traurig, mit Tränen in den Augen. In den ersten drei, vier Monaten hatte ich mich noch beeindrucken lassen. Ich mag es, wenn Menschen Ziele haben. Und er hatte es ja bisher wirklich nicht leicht gehabt, dieses Ziel irgendwann mal erreichen zu können. Aber eines Tages stand ich vor dem Spiegel und fragte mich, ob ich eigentlich bescheuert bin!

Es gab noch zwei, drei weitere Beispiele aus meinem Leben, aber sie wurden mit der Zeit immer weniger dramatisch, ich erkannte immer besser, was da gerade versucht wird und wehrte mich rechtzeitig dagegen. Inzwischen reagiere ich stinksauer, wenn ich spüre, dass ich emotional erpresst werden soll. Wer das versucht, lernt umgehend, dass er bei mir damit das Gegenteil von dem erreicht, was eigentlich gewünscht war. Ich kann, je nachdem wer es ist, einen Versuch verzeihen. Einen – aber dann mache ich meinen Standpunkt zum Thema klar und verbitte mir weitere Versuche. Ein zweites Verzeihen gibt es dann nicht mehr. Und das Lustige ist, dass es sich auch kaum jemand ein zweites Mal wagt. Dass es überhaupt ein erstes Mal versucht wird, zeigt mir allerdings ganz deutlich, wie verbreitet emotionale Erpressung ist. Mit welcher Selbstverständlichkeit so viele Menschen diese Methoden anwenden, um ihre Ziele zu erreichen.

Emotionale Erpressung kommt überall da vor, wo Menschen miteinander umgehen: In der Familie zwischen Mutter und Vater, zwischen Eltern und Kindern, Eltern und Großeltern. Sie kommt in Freundschaften ebenso häufig vor wie am Arbeitsplatz. Am häufigsten findet emotionale Erpressung da statt, wo es um Gefühle wie Liebe oder zumindest Verliebtsein geht.

In diesem Ratgeber möchte ich mich auf die Definition emotionaler Erpressung und ihrer Bedeutung in der Beziehung konzentrieren. Sie ist oft der Grund für das Scheitern. Genauso häufig ist emotionale Erpressung aber wahrscheinlich auch der Grund für das Fortbestehen einer Beziehung, aus der einer von beiden eigentlich schon lange ausbrechen möchte.

Sprechen wir von emotionaler Erpressung, müssen wir uns verdeutlichen, dass sie nicht typisch männlich oder typisch weiblich ist. Beide Geschlechter sind fast in der gleichen Häufigkeit Täter oder Opfer. Im Sinne einer guten Lesbarkeit werde ich in diesem Text so oft es geht darauf verzichten, männliche oder weibliche Schreibweisen zu verwenden. Wenn ich von »dem Partner« spreche, sind sowohl Partnerinnen als auch Partner gemeint, wenn ich von »dem Anderen« spreche oder »dem Gegenüber«, so sind damit ebenfalls Frauen wie Männer gemeint. Es ist unglaublich umständlich, immer beide Schreibweisen zu nutzen. Außerdem besteht die Gefahr, die männliche oder weibliche Form ausgeprägter zu erwähnen. Das könnte den Eindruck erwecken, dass es sich um typisch männliches oder typisch weibliches Verhalten handelt. Genau das möchte ich aber vermeiden.

Letztlich findest du in diesem Ratgeber auch einen Abriss der gängigen Persönlichkeitsstörungen, und welche Methoden der emotionalen Erpressung von diesen Persönlichkeiten zu erwarten sind. Von einer Diagnosestellung durch Laien rate ich allerdings generell ab. Ich empfand es während der Arbeit an diesem Buch aber als Thema, das inzwischen in der Öffentlichkeit eine große Rolle spielt. Menschen, die unter emotionaler Erpressung zu leiden haben, stellen oft fest, dass sie es möglicherweise sogar mit einer Persönlichkeitsstörung oder zumindest mit entsprechenden Charakterzügen zu tun haben, und suchen nach relevanten Informationen, um diesem Drama zu entkommen.

Ich erlaube mir das »du« weil ich der Meinung bin, dass Respekt und Achtsamkeit anderen Menschen gegenüber nichts mit der Anrede zu tun haben.

Emotionale Erpressung – Definition

Emotionale Erpressung bedeutet, dass ein Mensch versucht, dich über das Erzeugen von negativen Gefühlen zu manipulieren. Das Ziel ist, dass du dich so verhältst, wie dieser Mensch es sich wünscht. Das heißt, du sollst ihn nicht verlassen – falls du das vorhattest. Du sollst ihm nicht mehr böse sein – falls ihr euch gestritten habt. Du sollst Dinge für ihn tun, du sollst dich in einer bestimmten Art und Weise verhalten. Vielleicht hat dein Partner auch irgendetwas vor, von dem er bereits überzeugt ist, dass es dich aufregen wird – und so wird mit emotionaler Erpressung schon mal vorgebeugt.

Negative Gefühle sind Schamgefühle, aber auch Angst oder Schuldgefühle. Unangemessene Gefühle von Dankbarkeit zu erzeugen, zählt ebenfalls zu den Methoden der emotionalen Erpressung, wie auch das Abwerten der Person oder bestimmter Eigenschaften, das Einreden von »unaushaltbaren Macken« oder auch die Zerstörung des Selbstwertgefühls.

Von emotionaler Erpressung Betroffene
- Zweifeln häufig an ihrer eigenen Wahrnehmung in Bezug auf Situationen und Gespräche
- Fühlen sich unter Druck gesetzt
- Empfinden Angst vor Zorn oder hysterischen Ausbrüchen des Partners
- Fühlen sich in irgendeiner Weise durch den Anderen bedroht
- Versuchen, teilweise recht verzweifelt, es dem Anderen recht zu machen
- Entschuldigen sich häufig, um den Anderen zu beruhigen
- Vermeiden Konflikte, wo immer es möglich ist, und geben nach, wenn sich ein Konflikt nicht vermeiden lässt
- Stellen ihre eigenen Bedürfnisse hinter denen des Partners zurück
- Empfinden häufig Zorn auf den Partner

- Fühlen sich häufig hilflos und ausgeliefert
- Leben oft in wirtschaftlich, arbeitsmäßig und emotional ungerechten Verhältnissen mit einem Partner.
- Haben meist nur ein geringes Selbstwertgefühl
- Leiden häufig an Depressionen
- Klagen in vielen Fällen über körperliche Beschwerden, die keine »richtige« Ursache zu haben scheinen.
- Wagen es oft kaum noch, Entscheidungen zu treffen, aus Sorge, es gibt wieder Stress mit dem Partner
- Überlegen sich häufig, wie sie dem Partner dies oder das schonend beibringen können

Grundsätzlich kann man sagen, wer emotional erpresst wird, fühlt sich hilflos in einer Lebenssituation gefangen. Emotionale Erpresser erscheinen immer recht stark, aber sie sind eher das Gegenteil: schwach. Wer es nötig hat, andere Menschen durch das Erzeugen negativer Gefühle zu manipulieren, kann sich nicht mit fundierten Argumenten durchsetzen, kann Niederlagen nicht verkraften und ist nicht in der Lage, mit Konflikten umzugehen. Nicht jeder Täter erpresst bewusst seinen Partner emotional. Viele Täter haben Muster aus ihrem Elternhaus oder aus früheren Beziehungen übernommen und wissen es nicht besser. Das macht allerdings die Situation für die betroffenen Partner nicht leichter. Opfer emotionaler Erpressung sollten sich deswegen genau über die möglichen Erscheinungsformen informieren und sich unbedingt zur Wehr setzen.

Wenn du in deiner Beziehung das Opfer emotionaler Erpressung bist, solltest du wissen, dass es eine Art Spiel ist, welches dein Partner spielt – bewusst oder unbewusst. Wie in jedem anderen Spiel auch, benötigt er den richtigen Mitspieler. Du kannst der emotionalen Erpressung Einhalt gebieten, wenn du das Spiel nicht mehr mitspielst. Anders gesagt: Ändere dein Verhalten, dann ändert sich die Situation. Das ist aber immer leichter gesagt als getan. Zunächst einmal muss man als

Betroffener das Spiel verstehen. Man muss die Methoden und Ziele des Täters erkennen. Nur wenn man sich dieser Dinge bewusst ist, kann man emotionaler Erpressung wirksam entgegentreten.

Grundsätzlich betrachtet dauert es häufig sehr lange, bis die Opfer emotionaler Erpressung überhaupt verstehen, dass sie mit Gefühlen manipuliert werden. Es dauert auch sehr lange, die Methoden zu entlarven, die der eigene Partner anwendet, denn viele dieser Methoden sind uns vertraut, weil wir damit schon seit vielen Jahren oder vielleicht schon immer zu tun hatten. Sie erscheinen uns wie ganz normales Verhalten. Entsprechend lange dauert es meist, bis Opfer sich zu wehren beginnen. Viele Beziehungen, die von emotionaler Erpressung geprägt sind, ziehen sich über Jahre, manche sogar über Jahrzehnte. Wer frühzeitig bemerkt, dass der Partner mit Methoden der emotionalen Erpressung arbeitet, kann der unweigerlich folgenden Entwicklung eventuell noch Einhalt gebieten. Im anderen Fall kommt es häufig irgendwann einmal zur Trennung.

An dieser Stelle möchte ich noch einmal darauf hinweisen, dass vielen emotionalen Erpressern meist nicht bewusst ist, dass sie mit Manipulation arbeiten, um ihren Willen durchzusetzen. Sie agieren nach einem Muster, das sie irgendwann einmal so gelernt haben. Wenn es im Elternhaus oder in früheren Beziehungen völlig normal war, dass emotional erpresst wurde, werden diese Muster übernommen. Unter Umständen kann man also sogar mit einem Menschen, der zu emotionaler Erpressung neigt, noch eine gute Beziehung führen – wenn man ihm frühzeitig Einhalt gebietet und innerhalb der Beziehung immer und zu jeder Gelegenheit darauf achtet, dass sich emotionale Erpressung nicht doch noch mal einschleicht. Wenn der Partner allerdings Züge einer Persönlichkeitsstörung hat – oder sogar eine diagnostizierte Persönlichkeitsstörung – ist emotionale Erpressung leider Programm und ein wichtiges Merkmal der meisten Störungen. Eine Persönlichkeitsstörung kommt allerdings mit so vielen Merkmalen daher, dass emotionale Erpressung nur eines von vielen Symptomen ist. In solchen Fällen wird das Opfer es allerdings nicht schaffen, der emotionalen Erpressung einen Riegel vorzuschieben.

Je nachdem, wie deine eigene Kindheit und deine spätere Entwicklung verlaufen ist, wirst du dich besser oder schlechter zur Wehr setzen können, wenn du emotional erpresst wirst.

Wer als Kind schon durch Mutter oder Vater emotional erpresst wurde, verinnerlicht ein Muster und überträgt dies auch auf Beziehungen:

- Wenn du die Mama lieb hast, gibst du ihr jetzt ein Küsschen.
- Die Oma war sehr traurig, weil du sie nicht umarmt hast!
- Wenn du mich lieb hättest, würdest du dein Zimmer immer schön aufräumen, damit ich mich nicht ärgern muss.
- Wenn du nicht aufhörst zu heulen, habe ich dich nicht mehr lieb.
- Ich habe immer alles dafür getan, dass es dir gut geht und dann kommst du mit solchen Noten nach Hause?
- Du musst dich einfach gut benehmen, wenn du zu Oma und Opa gehst, sonst werden sie sich beklagen und dann bin ich sehr unglücklich.
- Unglaublich, wie du dich benimmst, nach allem was ich für dich getan habe!
- Dein Verhalten enttäuscht mich sehr, deswegen bin ich jetzt unglücklich.
- Ich bin krank, weil du so anstrengend bist, wegen dir falle ich eines Tages noch tot um!
- Ich müsste mir dringend eine neue Jacke kaufen, aber weil ich dich so liebe, bekommst du jetzt dies oder das von mir und ich laufe eben noch eine Weile mit der alten Jacke herum.
- Wegen dir muss ich auf vieles verzichten, deswegen erwarte ich jetzt von dir …

Eine Mama, die das verlangte Küsschen nicht bekommt, kann dann auch schon mal beleidigt reagieren. Dann gibt das Kind der Mama lieber schnell das Küsschen, damit sie wieder lieb ist. Man räumt als Kind dann lieber täglich sein Zimmer auf, damit die Mama nicht denkt, man hätte sie nicht lieb. Und man verkneift sich die Heulerei, schließlich will man ja von Mama oder Papa weiterhin geliebt werden. Viele Eltern zeigen sich deutlich beleidigt, wenn Kinder sich nicht verhalten, wie sie es gerne hätten. Das Gesicht ist eisig, gesprochen wird nur das Nötigste. In manchen Familien werden solche Verhaltensweisen tagelang praktiziert, bis ein Kind einlenkt und anfängt, alles dafür zu tun, dass DAS aufhört und wieder Harmonie einkehrt. Emotionale Erpressung funktioniert auch non-verbal. Es braucht keine Worte, um seinem Gegenüber Schuldgefühle einzujagen und es dazu zu bringen, sich so zu verhalten, wie man es gerne hätte. Ein eisiges Gesicht, das offensichtliche Ignorieren reicht bei vielen Opfern bereits aus und drückt die entsprechenden Knöpfe.

Das schlechte Gewissen, die Schuldgefühle – das ist bereits bekannt und ein Muster, das viele Menschen in ihrem Beziehungsleben übernehmen, ohne es zu merken. Emotionale Erpressung zieht weite Kreise, wenn man sie zulässt. Sie kann das gesamte Leben sehr negativ beeinflussen. Als Motiv des Erpressers für sein Handeln könnte man Liebe vermuten. Wer emotional erpresst, behauptet auch stets, aus Liebe zu handeln. Allerdings hat emotionale Erpressung mit Liebe überhaupt nichts zu tun.

- Ein emotionaler Erpresser möchte seine eigenen Ziele verwirklichen
- Ein emotionaler Erpresser will seine eigenen Bedürfnisse befriedigen
- Ein emotionaler Erpresser handelt häufig aus einer Art Besitzdenken heraus und fühlt sich im Recht.

Es geht niemals um dein persönliches Glück, sondern um seins. Wie es dir geht, will ein emotionaler Erpresser gar nicht wissen. In der Regel reden sich Menschen, die andere Menschen derart manipulieren, recht erfolgreich ein, dass der Partner glücklich ist und sie übersehen es geflissentlich, wenn das Gegenteil der Fall ist. Gar nicht selten verhalten sie sich sogar sehr übergriffig und denken, sie wüssten was der Partner braucht. Daraus ziehen sie sich das Recht, den anderen zu seinem Glück zu zwingen. Vielen Erpressern ist es schlichtweg egal, ob der Partner glücklich ist oder nicht, Hauptsache es läuft alles so wie sie es sich wünschen.

Wer emotional erpresst wird, fühlt sich häufig krank, depressiv, vollkommen ausgelaugt. Man kann es auch ruhig beim Namen nennen: Emotionale Erpresser sind Energievampire. Sie saugen dich aus. Das merkst du nicht beim ersten und auch nicht beim zweiten Vorkommnis. Aber wenn dein Partner dich regelmäßig emotional erpresst, wirst du irgendwann feststellen, dass du dich vollkommen ausgesaugt und leer fühlst.

Wie fühlst du dich?

Menschen, die in ihren Beziehungen in einem Strudel der emotionalen Erpressung gefangen sind, fühlen sich meist sehr niedergeschlagen. Sie stecken voller Schuldgefühle, obwohl sie sich nicht wirklich einer Schuld bewusst sind. Wer emotional erpresst wird, ist gleichzeitig fremdgesteuert: Eigene Bedürfnisse, Entscheidungen oder Handlungen sind gar nicht möglich. Viele Opfer denken und handeln nur noch im Sinne ihrer Erpresser.

Emotionale Erpresser nehmen dich in die Verantwortung für ihr eigenes Wohlbefinden. Dabei handelst du jedoch stets gegen deine eigenen Wünsche und Überzeugungen. Nicht selten entsteht dadurch das Gefühl, in der Klemme zu stecken. Das Unterbewusstsein zeigt durch Niedergeschlagenheit sehr deutlich auf, dass da etwas nicht in Ordnung ist. Häufig und durch längeren Missbrauch reagiert auch der Körper mit Symptomen und Krankheiten. Je besser ein emotionaler Erpresser sein Handwerk beherrscht, umso besser funktioniert es. Emotional erpresste Menschen wollen an irgendeinem Punkt ihres Lebens »nur noch da raus«.

- Fühlst du dich gefangen und fremdgesteuert?
- Empfindest du sehr oft Gefühle wie Hilflosigkeit?
- Hast du schon einmal einen Job nicht angenommen, den du gerne gehabt hättest, weil dein Partner dir verdeutlicht hat, dass er darunter leiden würde?
- Hast du schon einmal Freundschaften aufgegeben, weil dein Partner sich vernachlässigt oder alleine gelassen fühlte?
- Wolltest du dich schon einmal trennen, hast es aber nicht getan, weil du das deinem Partner nicht antun kannst?
- Hast du schon einmal auf etwas verzichtet was dich glücklich gemacht hätte, weil dein Partner damit nicht glücklich gewesen wäre?
- Tust du manchmal Dinge, die du eigentlich nicht tun willst, damit dein Partner nicht unglücklich ist?

- Verzichtest du auf Dinge, die du gerne tun würdest, weil dein Partner dir mit Trennung gedroht hat oder, im harmlosen Fall, beleidigt ist?
- Hast du manchmal das Gefühl, froh sein zu müssen, dass dieser Mensch überhaupt mit dir zusammen ist?
- Glaubst du, für diesen einen Partner besonders viel tun zu müssen, um ihn nicht zu verlieren?

Wenn auch nur einer dieser Punkte zutrifft, solltest du überprüfen, ob du vielleicht emotionaler Erpressung ausgesetzt bist.

Sabine und Lukas

Sabine hat mehrere Jahre gebraucht, um zu verstehen, dass sie während ihrer ganzen Beziehung von Lukas emotional erpresst wurde. Sie hat es erst gemerkt, als Lukas die Beziehung beendete. Er hatte eine andere Frau kennengelernt und das war dann das Beziehungsende. Sabine wäre niemals aus dieser Beziehung ausgebrochen. Sie liebte Lukas sehr. Oft fühlte sie sich niedergeschlagen, oft hatte sie eine unbestimmte Angst ihm gegenüber in sich, die sie nicht einmal hätte erklären können, denn er war niemals gewalttätig ihr gegenüber. Im Gegenteil – Lukas war stets liebevoll.

Als sie sich kennenlernten, lebte Sabine in einer hübschen, kleinen Wohnung. Wohnzimmer, Schlafzimmer, Küche, Badezimmer. Sie arbeitete als Verkäuferin im Supermarkt und saß die meiste Zeit an der Kasse. Das beinhaltete natürlich Schichtarbeit. Manchmal musste sie um 7:00 Uhr morgens anfangen und war dann schon nachmittags zu Hause. Manchmal fing sie nachmittags an und kam dann erst nach 23:00 Uhr nach Hause. Zweimal im Monat musste sie auch Samstags arbeiten, wenn Kollegen krank wurden, musste sie zusätzliche Schichten leisten.

Lukas lebte auch in einer eigenen Wohnung, hatte allerdings nur ein Apartment mit offener Küche und einem Bad. Vom ersten Tag an war er fast immer bei ihr zu Hause. Sabine hatte bis dahin eigentlich nicht täglich gekocht, sondern sich an den meisten Tagen eher von belegten Broten und einem Salat ernährt oder sich eben eine Kleinigkeit zubereitet. Aber als Lukas sie das erste Mal besuchte, gab sie sich natürlich große Mühe und kochte eine gute Mahlzeit. Lukas erschien auch am nächsten Abend, schlief dann sogar bei ihr, also kochte sie auch an diesem Abend. Dann kam das Wochenende, Sabine hatte ihren langen Samstag. Lukas kam nicht, das fand sie aber auch in Ordnung. Er stand allerdings sonntags vor der Tür, worüber sie sich freute. Sie kuschelten den ganzen Nachmittag auf dem Sofa, bis Lukas irgendwann sagte, er hätte Hunger. Sabine erhob sich, ging in die Küche und sah nach, was der Kühlschrank noch hergab. Und zauberte am Ende eine Mahlzeit.

Da sie am nächsten Tag wieder um 7:00 Uhr im Geschäft sein musste, wollte sie um zehn ins Bett gehen. Lukas war das zu früh und so ging er nach Hause. Sabine räumte noch schnell die Küche auf, spülte das Geschirr und ging dann ins Bett. Sie ärgerte sich ein bisschen, denn sie war es eigentlich gewohnt, direkt für Ordnung zu sorgen, und hatte ja versucht, gleich nach dem Essen die Küche sauber zu machen. Aber Lukas wollte noch ein bisschen Zeit mit ihr genießen. »Die Küche können wir auch später machen«, sagte er. Und dann hatte er das Ganze immer weiter hinausgezögert, bis er eben gegangen war.

So lief das in den kommenden Monaten immer ab. Er verbrachte viel Zeit bei ihr, sie kochte, er drückte sich immer davor, ihr zu helfen, wenn es darum ging, die Küche wieder sauber zu machen. Aber es war ja nur »ein bisschen Geschirr«. Irgendwann sprach sie ihn darauf an, und erklärte ihm im gleichen Zug, dass ihr auch durch die ständige Kocherei Mehrkosten entstünden. Sie bat ihn um eine finanzielle Beteiligung.

Lukas reagierte darauf ziemlich beleidigt. »Ich wohne hier nicht«, sagte er. »Ich bin dein Gast. Aber gut, wenn du drauf bestehst, helfe ich dir beim Abwasch. Was allerdings das Kochen betrifft, sorry, also ich denke, du kochst doch sowieso für dich, warum soll ich mich jetzt beteiligen?«

»Weil es ein Unterschied ist, ob ich zwei Schnitzel kaufen muss oder nur eins. Außerdem habe ich für mich selbst immer nur eine Kleinigkeit zubereitet und gar nicht richtig gekocht. Früher kam ich mit 50 Euro in der Woche aus, jetzt brauche ich das Doppelte.«

Lukas bemaß sie mit einem vielsagenden Blick, der alles Mögliche bedeuten konnte. Er wurde sehr schweigsam, half ihr aber beim Abtrocknen – schweigend – und verabschiedete sich dann. Nach dieser Aktion meldete er sich tagelang nicht und war auch für Sabine nicht zu erreichen. Sabine versank in diesen Tagen in einer tiefen Grübelei. War es das jetzt gewesen? Würde sie Lukas noch mal wiedersehen? Was hatte sie eigentlich getan, außer ihm zu verdeutlichen, dass er sich angemessen beteiligen musste? War das überhaupt eine berechtigte Forderung? War sie nicht zu kleinlich gewesen?

Sabine war tieftraurig und ging davon aus, Lukas nicht mehr wieder zu sehen. Nach drei Tagen war sie stinksauer auf sich selbst. Warum nur war sie so kleinlich gewesen? Am Wochenende darauf stand er plötzlich vor der Tür. Er hatte ein paar Lebensmittel eingekauft: Ein Brot, ein Paket abgepacktes Fleisch und ein Päckchen Butter. Sabine wertete das als Zeichen seines guten Willens, auch wenn es nur ein recht kleiner Beitrag war. Immerhin! Dass er wieder da war, versetzte sie in Hochstimmung. Dass er Lebensmittel mitgebracht hatte, war in ihren Augen ein Zeichen dafür, dass er die Botschaft verstanden hatte und die Dinge ändern wollte.

So lief das Ganze dann über mehrere Monate. Er kam weiterhin täglich vorbei, wenn ihre Arbeitszeit es zuließ, und erwartete auch, dass sie kochte. Mit vollem Magen könnte man einen gemütlichen Abend natürlich besser genießen. Außerdem, so erklärte er ihr, sei ein gemeinsames Essen eine Art Ritual der Gemeinsamkeit. Ab und zu brachte er ein paar Lebensmittel mit, dabei fragte er aber nie, was wirklich gebraucht wurde. Er war auch immer öfter da, aß bei ihr, duschte bei ihr, schlief bei ihr, ließ schließlich auch seine schmutzige Wäsche bei ihr, die sie natürlich wusch und bügelte.

Nach einem Jahr beschlossen sie, zusammen zu ziehen. Lukas zog bei ihr ein, denn ihre Wohnung war groß genug für beide. Bevor er einzog, setzte Sabine sich mit ihm zusammen und sprach über finanzielle Angelegenheiten. Die halbe Miete müsse er zahlen. Die Hälfte von Telefon und Strom. Außerdem, so verkündete sie, würde sie eine Haushaltskasse anlegen. Jeder sollte pro Woche fünfzig Euro in die Kasse legen und dieses Geld sollte für die Einkäufe verwendet werden.

Lukas beteiligte sich also am Anfang des kommenden Monats mit dem vereinbarten Betrag, er überreichte ihr das Geld in bar. Und er legte gleich 200 Euro in die Haushaltskasse. Sabine machte sich keine Gedanken darum, er hatte sich ja beteiligt. Sie putzte. Sie kochte. Sie kümmerte sich um die Wäsche. Und Lukas fasste überhaupt nichts an. Sabine machte ihn darauf aufmerksam, dass sie etwas Hilfe gebrauchen könnte. Als sie noch alleine lebte, hatte sie eine saubere Wohnung verlassen und abends nach der Arbeit eine saubere Wohnung vorgefunden. Nun aber lebte Lukas mit in der Wohnung. Er hatte völlig andere Arbeitszeiten als sie. Manchmal kam sie von der Spätschicht, da schlief er bereits und die Küche war ein einziges Chaos. Also räumte sie noch schnell auf, spülte das Geschirr und ging dann schlafen. Am nächsten Morgen war Lukas schon weg, aber es war deutlich zu sehen, dass er sich ein Frühstück gemacht hatte, denn nicht mal Wurst und Käse lagen wieder im Kühlschrank. Er ließ einfach immer alles liegen. Sie räumte auf, saugte die Wohnung, duschte, putzte das Bad hinter sich und ging dann zu ihrer Schicht. Abends wieder das gleiche Theater.

Sprach sie ihn auf solche Dinge an, war er beleidigt. Er räumte dann zwar demonstrativ und recht laut alles weg, was er hatte liegen lassen, aber danach ging er schweigend ins Bett und sprach dann auch tagelang nur das Nötigste mit ihr. Schließlich sagte sie irgendwann nichts mehr dazu und räumte eben hinter ihm her.

Eigentlich verstanden sie sich gut. Sie lachten viel, verbrachten angenehme Stunden gemeinsamer Freizeit – nur der Haushalt hing einzig an ihr. Lukas ließ alles stehen und liegen, wo auch immer er sich gerade befand, und er half auch nicht, die Wohnung sauber zu halten. Immer hatte er Ausreden. Wenn der wöchentliche Großputz anstand, verdrückte er sich. Sabine ließ sich das irgendwann nicht mehr gefallen und stellte ihn zur Rede. Äußerst »verschnupft«, in eisigem Ton, sagte er daraufhin, wenn sie darauf bestünde, würde er das, was sie als seinen Arbeitsanteil sehen würde, eben erledigen. Demonstrativ holte er also den Staubsauger raus und saugte die Wohnung. Sie holte das Bügelbrett vor und begann zu bügeln. Als er gesaugt hatte

– sehr lange und sehr ausgiebig – bat sie ihn, bitte auch mal das Badezimmer zu putzen. Daran hatte er sich noch nie »vergriffen«. Er putzte das Badezimmer, das Klo fasste er allerdings nicht an. Das sei ekelig, erklärte er ihr. Danach verließ er die Wohnung. Er müsse jetzt weg, er sei mit einem Freund verabredet. Er hätte sie ja gerne mitgenommen, aber nicht unter »diesen Umständen« und danach, wie »dieser Tag verlaufen sei«.

Sabine rief ihm nach, was das sollte, von was er da überhaupt sprach? Aber als er irgendwann spät nach Hause kam, schwieg er eisig. Ebenso hartnäckig schwieg er am Sonntagmorgen. »Die Atmosphäre war furchtbar«, sagt Sabine. »Ich deckte den Frühstückstisch, hatte Brötchen aufgebacken, Eier gekocht, alles was zu einem guten Frühstück gehört. Er saß da und sprach nur das Nötigste mit mir – in eiskaltem Ton.«

Sabine bemühte sich um ein freundliches Gespräch am Frühstückstisch und sprach ihn schließlich darauf an, warum er sich so eisig verhielt. Da donnerte er los. Er habe ja nun gestern zum ersten Mal Staub gesaugt und bei der Gelegenheit festgestellt, dass sie, wo sie ihm doch ständig Vorträge zu ihrer Überlastung halten würde, den Haushalt wohl selbst nicht so ernst nehmen würde. Angeblich habe er überall Spinnweben gefunden – ein deutliches Zeichen dafür, dass sie es wohl selbst nicht so genau genommen hatte, und das schon lange vor ihm. Und das Klo habe er deswegen nicht geputzt, weil er zum ersten Mal genauer hingesehen hätte. »Hätte ich vielleicht schon früher machen sollen«, sagte er patzig. »Aber den Dreck der letzten Jahre, mit dem ich nichts zu tun habe, werde ich ganz sicher nicht wegmachen. Das machst du mal schön selbst.«

Sabine war sprachlos, ging ins Badezimmer und besah die Toilette näher. Da war kein Dreck der letzten Jahre, sie hatte ihre Toilette immer regelmäßig geputzt. Jetzt allerdings, seit er bei ihr lebte, musste sie das öfter tun, denn Lukas pinkelte im Stehen. Überall Spritzer, auch an der Wand hinter der Toilette. Sie schrubbte an diesem Tag das Badezimmer gründlich, Lukas schwieg immer noch, und das dauerte auch noch ein paar Tage. Nach dieser Sache bat sie ihn nie wieder um Hilfe im Haushalt, sie machte ihn einfach. Und Lukas verhielt sich wieder nett und liebevoll. Im Großen und Ganzen konnte Sabine sich nicht beklagen.

Sie war noch drei Jahre lang mit Lukas zusammen, drei Jahre, in denen er auch mit in ihrer Wohnung lebte. Den Haushalt erledigte sie inzwischen alleine, dieses Ziel hatte er bereits erreicht. Wenn sie mit Freundinnen ausging, war er beleidigt. »Du hast sowieso so komische Arbeitszeiten und wir haben nur den Sonntag – musst du an diesem Sonntag noch mit deinen Freundinnen brunchen gehen?« Zum Brunch war sie mit ihren Freundinnen nur selten verabredet, normalerweise traf sie sich abends mit ihnen. Aber nehmen lassen wollte sie sich diese Events durch ihn auch nicht. Der nächste Brunch fand mehrere Wochen später statt und obwohl er sich beim letzten Mal so aufgeregt hatte, ging sie wieder hin. Die Quittung: Eisiges Schweigen. Nachdem das mehrfach vorgekommen war, traf sie sich mit ihren Freundinnen nur noch alle paar Wochen mal auf einen Samstagabend.

»An so vielen Samstagen musst du bis Abends spät arbeiten«, sagte Lukas und war offensichtlich beleidigt. »Und dann hast du mal frei, aber verbringst den Abend lieber mit deinen Weibern als mit mir. Dann weiß ich ja, wo ich stehe!« Die Quittung: eisiges Schweigen, über Tage. Immer öfter erfand sie Ausreden bei ihren Freundinnen, um Lukas nicht an einem freien Samstagabend alleine in der Wohnung sitzen zu lassen.

Nach insgesamt fünf Jahren Beziehung kam Sabine eines Tages nach Hause und fand ihre Wohnung leer vor. Lukas war gegangen. Auf dem Küchentisch lag ein Zettel: »Ich bin weg. Mit dir kann man nicht leben. Ruf mich nicht an, ich habe keine Lust mehr, mit dir zu diskutieren.«

Sabine musste sich erst mal setzen, dann heulte sie für ein paar Stunden, aber dann stellte sie schon am gleichen Abend fest: Das Leben fühlte sich seltsam anders an. Freier. Natürlich war sie unglücklich, dass er sie verlassen hatte und ihr kamen auch immer wieder die Tränen. Aber sie spürte auch, dass diese unbestimmte Angst, die sie seit Jahren immer im Bauch mit sich herumgetragen hatte, nicht mehr da war. Angst?

Ja, Angst. Es dauerte ein paar Wochen und viele Gespräche mit ihren Freundinnen, bis sie verstanden hat, was da jahrelang vor sich ging. Lukas hatte sie nie angebrüllt, ihr nie gedroht, sie nie geschlagen. All diese Dinge, die man gemeinhin unter »Gewalt« versteht, hatte Lukas niemals getan. Sabine hätte sich das auch nie und nimmer gefallen lassen! Aber sie hatte es auch fünf Jahre lang nicht geschafft, ihre Interessen durchzusetzen. Ihn dazu zu bewegen, sich angemessen an allem zu beteiligen, nicht nur an den Kosten, sondern auch an der Arbeit im Haushalt. Aber auch mit den Kosten war es ihm gelungen, diese auf einem Minimum zu belassen. Mit der Umlagennachzahlung ließ er sie alleine, und erklärte ihr hierzu, das läge daran, dass sie immer so ausgiebig duschte – viel zu lange. Außerdem ließ sie immer und überall die Heizkörper laufen, drehe sie auch viel zu hoch und auch das Licht würde sie niemals hinter sich ausmachen. Er überreichte ihr am Anfang des Monats seinen Obolus in Form der halben Miete und der Hälfte der sonstigen Kosten, inklusive 200 Euro Haushaltsgeld zum Einkaufen. Inzwischen hatte er aber angefangen, zu trainieren, brauchte spezielle, eiweißhaltige Kost und das ging ganz schön ins Geld. Mehr als 200 Euro zu zahlen, lehnte er aber ab und nannte sie »verschwenderisch«. Sie müsse eben sparsamer sein. Wich sie nicht zurück, schwieg er eisig – tagelang. Und Sabine war dann lieber wieder still und bemühte sich um Harmonie. Es waren ihre Freundinnen, die sie darauf aufmerksam machten, dass über die Jahre ihr Gang immer schleppender geworden war. Aus der fröhlichen Sabine war eine Frau geworden, die stets eine riesige Last auf dem Rücken zu tragen schien. Mit jedem Jahr, das sie in dieser Beziehung verbrachte, fühlte sie sich ein Stück leerer, wie ausgesaugt. »Deswegen fühlte ich mich auch so seltsam frei«, sagt sie. »Als Lukas gegangen war und ich mich vom ersten Schock erholt hatte, war ich so erleichtert und konnte mir das überhaupt nicht erklären.«

Sabine zuckt mit den Schultern und sagt, der finanzielle Verlust sei tragbar, es geht ihr recht gut. Wütend wurde sie erst, als sie feststellte, mit welchen Mitteln er sie dazu gebracht hatte, über Jahre hinweg jede Forderung nur ein einziges Mal zu stellen und alle anfallende Arbeit im Haushalt letztlich dann doch alleine zu bewältigen. Es hatte immer genügt, dass er dieses eisige Verhalten zeigte, und nicht nur an diesem Tag, sondern auch an den Folgetagen nur noch das Nötigste mit ihr sprach.

»Die Atmosphäre war in solchen Zeiten immer sehr angespannt«, sagt sie. »Dieses eisige Schweigen, dieses beleidigte Gesicht, das er dazu aufsetzte, hat immer verursacht, dass ich mich schlecht fühlte. Ich hatte dann immer das Gefühl, ich müsste mir besonders viel Mühe geben: Ein gutes Essen kochen, für Gemütlichkeit sorgen, Kerzchen anzünden, vielleicht noch einen Kuchen backen …«

Sabine fühlte sich in solchen Zeiten stets schlecht und tat alles menschenmögliche, um ihn wieder zu einem freundlichen Verhalten zu bewegen. Mit der Zeit hatte er sie recht gut »erzogen«. Sie belästigte ihn gar nicht mehr mit irgendwelchen Anliegen, sondern funktionierte einfach in seinem Sinne. So entstanden Diskussionen erst gar nicht. Sie hatte nicht wirklich Angstgefühle im Bauch, aber sehr häufig ein Gefühl innerer Anspannung, das sie allerdings nur schwer einordnen konnte. Das gelang ihr erst, als Lukas weg war und sie ihren ersten Liebeskummer einigermaßen gut überwunden hatte.

Lukas hat das wahrscheinlich zu Hause auch so erlebt. Ich kenne ihn nicht, könnte mir aber gut vorstellen, dass es seine Mutter war, die die Hausarbeit übernommen hat. Ich könnte mir gut vorstellen, dass sein Vater mit eisigem Schweigen reagierte, wenn Dinge ihm nicht gefielen. Lukas hat das übernommen. Ich möchte ihm, da ich ihn nie kennenlernte, nicht unterstellen, dass er sein erpresserisches Verhalten eiskalt geplant hat. Aber es ist offensichtlich ein Verhaltensmuster, wahrscheinlich ein unbewusstes. Möglicherweise hat er ebenso unbewusst gespürt, dass die Methode funktioniert. Wann und aus welchen Gründen er die Lust an der Beziehung verloren hat, weiß kein Mensch, denn Sabine wurde mit seinem geringfügigen Abschiedsbriefchen ja erneut zum Schweigen gebracht. Er war einfach weg, ohne ein Gespräch. Natürlich hat sie irgendwann, als sie sich einigermaßen beruhigt hatte, versucht, ihn anzurufen – und festgestellt, dass er inzwischen eine neue Handynummer hat. Er ist einfach aus ihrem Leben verschwunden, mit dem gleichen, eisigen Schweigen, mit dem er sich auch in den Jahren der Beziehung vor jedem Gespräch gedrückt hatte, das irgendwie nachteilig für ihn hätte ausgehen können. Sein parasitäres Verhalten in der Beziehung und die eiskalte Trennung ohne jegliche Aussprache lässt schon fast Narzissmus vermuten.

Sabine kam recht schnell über ihn hinweg. Natürlich war sie anfangs am Boden zerstört – aber sie ist ansonsten eine recht stabile, junge Dame und hat relativ schnell erkannt, mit welchen Methoden er jahrelang gearbeitet hatte. »Das passiert mir nie mehr«, sagt sie heute lachend.

Wenn jemand dir gegenüber in ein eisiges Schweigen verfällt, will er dich dazu bewegen, in seinem Sinne zu funktionieren! Eisiges Schweigen ist übrigens keine Männermethode – das können Frauen mindestens genauso gut. Es ist aber eine Methode, die gerne von Männern angewendet wird, weil die meisten Männer schon bei den eigenen Eltern gelernt haben, dass sie funktioniert, während Frauen in der Regel auf der Suche nach Harmonie sind.

Es ist sehr wichtig, einem solchen Verhalten entsprechend entgegen zu treten, und zwar schon gleich beim ersten Mal. Im Fall von Sabine wäre das der Moment gewesen, als Lukas noch gar nicht bei ihr lebte, aber nach einigen Tagen Nichterreichbarkeit und Schweigen seinerseits plötzlich mit einer Tüte Lebensmittel vor ihrer Tür stand. Sabine freute sich an diesem Abend, dass er überhaupt wiederkam, denn sie hatte tagelang gegrübelt und getrauert, weil er sich nicht mehr meldete und nicht ans Telefon ging, wenn sie ihn anrief. Also bat sie ihn freudig herein, wertete das Ganze als kurzfristiges Beleidigtsein und unterstellte ihm, er sei von selbst drauf gekommen, dass sein Verhalten einfach nur blöd war. Um die soeben wieder hergestellte Harmonie nicht erneut zu gefährden, mied sie das Thema und tat, als sei gar nichts gewesen.

Wie hätte sie reagieren sollen? Eine Frage, über die ich mit Sabine ein bisschen diskutiert habe. Sie meint heute, sie hätte ihn wegschicken müssen. »Gleich rauswerfen«, sagt sie, und lacht.

Ich meine, es hätte vielleicht genügt, sich mal ebenso eisig zu verhalten, ihn herein zu bitten, auf einem Gespräch zu bestehen. Ich persönlich hätte ihn in diesem Gespräch auf sein Verhalten hingewiesen und ihm klar gemacht, dass ich so etwas kein weiteres Mal hinnehmen würde. Beim nächsten eisigen Schweigen hätte ich ihn vor die Tür gesetzt. Aber die Frage ist, ob er das noch mal gewagt hätte, das weiß man einfach nicht, wenn man solche Situationen nachträglich analysiert und diese Person nicht mal persönlich kennt. Ein einigermaßen intelligenter Mensch würde durch ein solches Gespräch wohl begreifen, dass man das nicht mit sich machen lässt, und würde es nicht mehr versuchen – zumindest nicht mehr mit dieser Methode. Man müsste dann allerdings im Auge behalten, ob er im Laufe der Zeit zu anderen Methoden greifen würde: Neigt ein Mensch dazu, seinen Partner emotional zu erpressen, kennt er auch – möglicherweise ebenfalls unbewusst – mehrere Methoden und wird sie eventuell nacheinander anwenden.

Die Geschichte von Sabine und Lukas ist nun vielleicht nicht so dramatisch, wie man sie in einer Arbeit zum Thema »emotionale Erpressung« vermuten könnte. Ich wollte damit zeigen, dass emotionale Erpressung nur selten erkannt wird, denn so, wie es bei Sabine und Lukas gelaufen ist, läuft es in vielen Beziehungen. Mindestens einer von beiden ist sich häufig gar nicht darüber bewusst, was da passiert. Problematisch wird es, wenn eine solche Beziehung länger hält und vielleicht sogar noch Kinder dazu kommen. Dann steigen die Möglichkeiten der emotionalen Erpressung und derjenige, der erpresst wird, fühlt sich mit der Zeit immer schlechter und wird immer mehr stärker ausgebeutet.

Im Idealfall findet emotionale Erpressung natürlich gar nicht erst statt, aber falls doch, ist es ganz wichtig, sie bereits zu Beginn einer Beziehung als das zu identifizieren, was sie nun mal ist – und gleich einen Riegel davor zu schieben, wenn ein Partner sich so verhält.

Beziehung heute

Schlagwörter wie »eine gesunde Beziehung« begegnen uns in der heutigen Zeit überall. Früher gab es ungeschriebene Regeln. Frauen hatten sich unterzuordnen, Männer hatten das Sagen. Alles was innerhalb einer Beziehung geschah, blieb möglichst unter den Eheleuten und wurde nicht nach außen getragen. Das Bild, das man nach außen hin zeigte, musste möglichst perfekt sein. Diskussionen gab es vergleichsweise selten. Wenn Vater etwas anordnete, war es Gesetz. Niemand muss denken, dass wir da über eine Zeit um 1900 herum sprechen. Selbst die Kinder, die in den Siebziger oder Achtziger Jahren aufgewachsen sind, haben so etwas zu Hause noch erlebt.

Inzwischen haben sich nicht nur das Frauenbild und das Männerbild verändert, sondern auch Beziehungen unterliegen nun ganz anderen – ebenfalls ungeschriebenen – Regeln. Im Grunde bestimmt nun jeder seine Regeln selbst. Männer wie Frauen können sich frei entscheiden, wie sie leben möchten, und nach welchen Grundsätzen sie ihre Beziehung gestalten. Wenn ich mir aber die ganz jungen Leute von heute anschaue, habe ich sogar den Eindruck, dass die Selbstbestimmung von Frauen wieder ein wenig rückläufig ist. Das mag mein persönlicher Eindruck sein, aber wo immer ich hinkomme und junge Beziehungen erlebe, stelle ich fest, dass auch hier die Jungs das Sagen haben und die Mädchen sich mehr oder weniger unterordnen. Es ist wohl nur so, dass Frauen in der heutigen Zeit einfacher aus einer destruktiven Beziehung ausbrechen können. Eine getrennte Frau in den Sechzigern war noch gesellschaftlich inakzeptabel – heute ist es normal, sich zu trennen. Eine Frau, die sich heute trennt, hat ein soziales Netz zur Verfügung, das die erste Not auffangen kann. Aber hat all das zu veränderten Beziehungen geführt? Ich behaupte: nein. Ich glaube, dass nur die Trennungsbereitschaft höher ist.

Gab es emotionale Erpressung früher auch schon? Ja, die gab es, nur waren die Ausmaße anders. Mit den veränderten

Rechten der Frauen haben sich veränderte Pflichten ergeben. Nach meinen Beobachtungen hat sich dadurch auch der Bereich, in dem Frauen emotionale Erpressung erfahren, vergrößert. Anders herum sind Frauen heute selbstbewusster und unabhängiger als früher – und das gibt ihnen meiner Meinung nach auch viel mehr Mittel für emotionale Erpressung an die Hand. Wenn Männer heute nicht so funktionieren wie sie sollen, werden sie verlassen. Und das geht unter Umständen sehr schnell. Ich denke also, dass sich die Ausmaße der emotionalen Erpressung sogar verschärft haben, obwohl die Menschen heute viel aufgeklärter sind, über Kommunikationstechniken sprechen und über einen achtsamen Umgang miteinander. Daher kann man ruhig sagen, dass emotionale Erpressung keine weibliche oder männliche Sache ist, sondern von beiden Geschlechtern ausgeübt wird, je nach Persönlichkeit und Situation.

Früher war das möglicherweise einfacher, weil es eben nicht um unangenehme Ausnahmen ging, sondern überall so war. Frauen, die gegen die Regeln ihrer Männer verstießen, wurden entsprechend »abgestraft« und sahen einfach zu, ähnliche Fehler in der Zukunft zu vermeiden. Dass die Männer es waren, die diese Regeln aufstellten, wurde gar nicht infrage gestellt. Frauen, die sich dann bei Müttern, Schwestern oder Freundinnen darüber beklagten, erhielten bestenfalls eine Ermahnung, sich zu fügen. Männer hatten so zu funktionieren, wie es für die eigene Familie am besten war und taten sie es nicht, wurden auch sie emotional abgestraft und notfalls durch den eigenen Vater, den Bruder oder den Onkel an ihre Pflichten erinnert. Kinder hatten zu parieren und sich zu fügen, emotionale Erpressung in der Erziehung war an der Tagesordnung. Darüber musste man sich als Kind auch nicht beklagen, denn Kinder hatten selbstredend zu gehorchen. Es ist noch gar nicht lange her, als Mütter ihren Kindern noch drohten: »Warte nur, bis der Papa nach Hause kommt.« Papa war der Bestrafer, Mama setzte diese Drohung ein, damit das Kind parierte und das Kind verbrachte im schlimmsten Fall seinen Tag in Angst vor dem Abend, wenn der Papa nach Hause kommen würde. Bestrafung durch Liebesentzug war in den meisten Familien gang und gebe.

Ich behaupte allerdings, dass wir heute unendlich viele Möglichkeiten mehr haben, um emotionale Erpressung zu erleben, sei es nun als Täter oder als Opfer. Durch die veränderten Frauen- und Männerrollen, durch all die Freiheiten, die sich dadurch ergeben, sei es nun für die eigene Entwicklung oder innerhalb der Partnerschaften, für die wir uns entscheiden, müssen wir immer wieder umdenken. Wir haben nicht mehr nur eine Beziehung in unserem Leben – oder zwei, drei. Nein, die meisten von uns führen im Laufe ihres Lebens mehr als sechs bis acht längere Beziehungen.

Wir sind es heute gewohnt, eine Beziehung zu verlassen, wenn es nicht passt. Wir sind größtenteils natürlich dazu bereit, an den Problemen zu arbeiten, aber wir suchen uns unsere potenziellen Partner durchaus nach unseren persönlichen Kriterien aus. An etwas zu arbeiten, was nicht so gut funktioniert, lohnt sich für die meisten Menschen nur, wenn es sich um Dinge handelt, die eher nebensächlich sind. Emotionale Erpressung wird dabei meist übersehen. Die Betroffenen fühlen sich schlecht, immer schlapper, manche werden depressiv, aber sie können sich oft überhaupt nicht erklären, warum das so ist. Der Grund dafür liegt auf der Hand: Es sind gängige Muster, die man von zu Hause kennt und noch nicht entlarvt hat. Zum Glück für die Täter, denn hat man diese Muster erst einmal erkannt, fällt auch jede noch so kleine Variante der emotionalen Erpressung auf.

Egoismus und Achtsamkeit

Trainer, Speaker, Coaches, wie immer man sie alle nennen mag, verkünden alle möglichen Botschaften der Persönlichkeitsentwicklung und je nach persönlicher Lebenssituation und Einstellung zum Leben und zur Beziehung nehmen wir diese Botschaften an – oder eher nicht. In unserer Zeit spricht man offen über »gesunden Egoismus«. Männer durften schon immer egoistisch sein, aber man bezeichnete sie nicht als Egoisten. Der Egoist an sich ist in den Augen der Gesellschaft verabscheuungswürdig. Dennoch, der männliche Egoist wird als solcher meist gar nicht erkannt. Ein männlicher Egoist ist ein Macher, einer der weiß, was er will, einer der sich vom Leben nimmt, was es ihm zu bieten hat und damit gilt er als klug, durchsetzungsfähig und stark. Verhalten sich Frauen in dieser Art, werden sie wesentlich schneller als egoistisch bezeichnet. Frauen sollten schon immer bescheiden, nett und freundlich sein. Auch heute werden Mädchen immer noch dazu erzogen, lieber mal nachzugeben, anderen den Vortritt zu lassen, Bescheidenheit zu zeigen. Jungs sind stark, Mädchen dürfen ruhig mal auf die Tränendrüse drücken. Ein heulender Junge wird vollkommen anderes getröstet als ein heulendes Mädchen. Auch wenn beide Geschlechter heute alles können, alles dürfen, auf nichts verzichten müssen, so dauert es doch heute viel länger, bis einzelne Individuen ihren Weg finden. Mit oder ohne Beziehung ist es in unseren Zeiten nicht einfacher geworden, seine Persönlichkeit zu entwickeln, und das mag daran liegen, dass uns jetzt eben alle Wege offenstehen. Noch immer sitzen uns Erziehungsmethoden im Nacken, die mit emotionaler Erpressung zu tun haben, während wir gleichzeitig und geschlechtsunabhängig lernen, dass wir alles dürfen, können, sollen, und das Recht auf Glück haben. Wir dürfen jetzt egoistisch sein, das ist jetzt »gesund« – zumindest so lange, wie wir mit unserem Egoismus die Ziele der anderen nicht durchkreuzen.

Spricht man über Beziehungen, begegnen uns Begriffe wie achtsam, freilassend, gleichberechtigt. In vielen Büchern ist von reiner Liebe die Rede, die wahre Liebe, die bedingungslose Liebe. In einer achtsamen, freilassenden Beziehung bewertet man auch nicht, denn das steht ja niemandem zu.

Ich vertrete die Ansicht, dass Achtsamkeit definitiv erstrebenswert ist. Allerdings wäre der Mensch nicht Mensch, wenn es uns immer möglich wäre, achtsam zu sein. Es ist ein edles Ziel, aber um dieses Ziel immer zu verfolgen, dürften wir selbst niemals verärgert sein. Wir müssten viel zu sehr den Fokus auf den anderen legen und zu wenig auf uns. Nun werden manche widersprechen und sagen, dass Achtsamkeit ja auch wichtig sich selbst gegenüber ist. Richtig! Und damit kommen wir schon wieder zum Begriff Egoismus. Wer sich selbst gegenüber stets achtsam ist, verhält sich möglicherweise rücksichtslos anderen gegenüber. Gibt es eine gesunde Mitte? Die muss jeder für sich selbst herausfinden und schmerzvolle Erfahrungen gehören sicher dazu. Insbesondere deswegen, weil wir unsere Muster im Denken und Fühlen haben. Und somit ist es für jeden Menschen unterschiedlich schwer, den Weg in eine für alle Beteiligten gesunde Achtsamkeit zu finden.

Gleichberechtigung versteht sich in der heutigen Zeit von selbst – dafür haben Generationen vor uns hart gekämpft. Die Frage ist aber, ob sie denn wirklich der Realität entspricht? Natürlich sind wir grundsätzlich gleichberechtigt. Vor dem Gesetz sind Frauen und Männer gleich. Beide Geschlechter dürfen, unter Berücksichtigung der Gesetzgebung, tun und lassen was sie wollen. Innerhalb von Beziehungen herrscht allerdings noch immer keine Gleichberechtigung und meiner Meinung nach ist sie auch nicht möglich. Natürlich können sich Mann und Frau zusammentun und ihre gleichberechtigten Regeln leben. Das kann prima funktionieren. Ich behaupte allerdings, spätestens wenn Nachwuchs kommt, ist die Gleichberechtigung dahin. Der Gesetzgeber hat mit geteilten Erziehungszeiten und so manchen anderen Gesetzen den Männern natürlich mehr

Rechte gegeben, sie auch bezüglich der Verantwortlichkeiten mehr in die Pflicht genommen. Ich behaupte trotzdem, dass spätestens wenn Kinder geboren werden, die Regeln sich in vielen Beziehungen wieder ändern. Ich behaupte allerdings auch, dass es unlogisch bis unmöglich ist, völlige Gleichberechtigung zu erreichen, sobald Kinder auf der Welt sind. Einer von beiden wird immer mehr für das Kind zuständig sein und damit weniger Geld verdienen als der andere. Einer von beiden wird immer mehr im Haushalt tun als der Andere. Das mag insofern in Ordnung sein, wenn die Beziehung hält. Aber hält sie nicht, sind es immer die, die sich mehr um Haushalt und Kinder gekümmert haben, die beruflich und finanziell schlechter dastehen. Der Nährboden für Machtkämpfe und emotionale Erpressung ist ideal, sobald Kinder da sind – auch wenn ein Großteil der heutigen Eltern die Aufteilung von Hausarbeit, Verantwortung und Berufsleben sehr gut meistern.

Und was ist mit der freilassenden Liebe? Es klingt immer so herrlich, wenn der eine oder andere Zeitgenosse zu diesem Thema schwadroniert, so nach Lebensideal und totaler Erfüllung. Aber ist der Mensch wirklich in der Lage, freilassend zu lieben? Freilassend bedeutet: Ich lasse den anderen sein, wie er ist. Ich akzeptiere und respektiere den anderen, so wie er ist. Ich lasse ihm die Freiheiten, die er sich wünscht, die er braucht, um glücklich sein zu können. Ist das immer möglich?

Man muss schon eine sehr ausgereifte Persönlichkeit sein, um den anderen immer so sein zu lassen, wie er ist. Dass er am Frühstückstisch schmatzt, können wir vielleicht akzeptieren, wenn wir unter uns sind. Aber spätestens, wenn wir mit wichtigen Leuten an einem Tisch sitzen, ein geschäftliches Gespräch haben, oder den anderen schlichtweg in unsere Familie einführen wollen, wird es schwierig, schlechte Tischmanieren freilassend hinzunehmen. Den anderen einfach »sein zu lassen«, wenn es ihm an persönlicher Hygiene mangelt oder er seinen Verpflichtungen nicht nachkommt – auch das ist schwierig. Freilassend zu lieben – das kann zum Problem werden, wenn einer von beiden der Meinung ist, seine Neigungen hemmungslos ausleben zu dürfen, weil es zu seiner Persönlichkeit gehört. Freilassende Liebe ist eine wunderschöne Idealvorstellung. Natürlich ist es möglich, nach dieser Idealvorstellung zu leben! Aber dafür müssen sich zwei Menschen in einer Beziehung zusammenfinden, die wenigstens zum größten Teil die gleiche Einstellung zum Leben haben, die gleichen Wertvorstellungen und Präferenzen. Ansonsten kann der Anspruch an die freilassende Liebe ganz schnell zu endlosem Gemecker führen. Nicht zu vergessen ist, dass sich viele Dinge im Laufe der Zeit ändern und damit können sich auch Präferenzen und Wertvorstellungen ändern.

Das führt mich nun recht schnell zum Stichwort »bedingungslose Liebe«.

Bedingungslose Liebe und persönliche Grenzen

Auch sie ist eine herrliche Idealvorstellung. Viele behaupten, sie lieben bedingungslos. Ich wage es stets, diese Aussage zu hinterfragen, wenn sie mir begegnet. Die einzigen Menschen auf dieser Welt, die ich bedingungslos liebe, sind meine Kinder. Da gehe ich aber natürlich nur von mir selbst aus. Es mag durchaus sein, dass es Menschen gibt, die neben ihren eigenen Kindern noch andere Menschen bedingungslos lieben können.

Die Fragen aber, die sich mir stellen, wenn das Thema bedingungslose Liebe diskutiert wird: Was soll das heißen? Ich spreche nun wieder ausschließlich von mir selbst. Ja, ich liebe meine Kinder bedingungslos. Das heißt aber nicht, dass ich nicht manche Dinge auch von ihnen erwarte. Sie sind jetzt erwachsen und ich habe ihnen einiges beigebracht. Ich erwarte, dass sie offen und ehrlich mit mir umgehen. Dass sie mir sagen, wenn ihnen etwas stinkt. Dass sie mich so sein lassen wie ich bin und meine Entscheidungen, die ich für mich treffe, respektieren, auch wenn sie ihnen nicht gefallen. Andererseits respektiere ich die Entscheidungen meiner Kinder auch, selbst wenn ich nicht immer dahinter stehen kann. Über manches ärgere ich mich, so wie sie sich auch über manches ärgern. Ich werde niemals aufhören, meine Kinder zu lieben – niemals und unter keinen Umständen. Für mich heißt das, ich muss nicht alles gut finden, was sie machen. Aber ich würde mich niemals von meinen Kindern distanzieren. Doch wie ist das mit der bedingungslosen Liebe anderen Menschen gegenüber?

Ganz ehrlich, dazu bin ich nicht in der Lage. Ich bin ein grundsätzlich liebender Mensch. Ich gehe immer positiv auf andere Menschen zu. Aber wenn mich jemand richtig verärgert hat, treffe ich eine Entscheidung. Ich bewerte, weil ich nicht anders kann. Ich habe wenig Lust, der Depp für alle zu sein, der Depp, mit dem man alles machen kann. Also ziehe ich persönliche Grenzen, und das habe ich unter vielen Schmerzen lernen müssen. Je nachdem, wie intensiv meine Gefühle für andere Menschen sind, gibt es manche, die meine persönlichen Grenzen nur einmal überschreiten dürfen. Andere, die es öfter tun müssen, bevor ich bereit bin, mich von ihnen zu lösen. Und es gibt meine Kinder, die ich niemals aus meinem Leben verbannen würde, auch wenn sie meine Grenzen überschritten haben. Unter Umständen würde ich nur Vorkehrungen treffen, weitere Grenzverletzungen auszuschließen. Aber ich muss ehrlich sagen, dass es außer meinen Kindern keinen einzigen Menschen auf dieser Welt gibt, von dem ich mich nicht lösen würde, werden meine Grenzen regelmäßig überschritten. So viel zur bedingungslosen Liebe – und ich denke, jeder von uns denkt und handelt nach diesem Muster. Die einen mehr, die anderen weniger. Aber bedingungslose Liebe halte ich für ein sehr schönes Ideal, mehr nicht.

Kommen wir zum »Bewerten«. Natürlich habe ich nicht das Recht, andere Menschen und ihre Eigenschaften zu bewerten. Mir fremde Menschen dürfen tun und lassen was sie wollen, solange sie niemanden schädigen. Aber um mich selbst, meine eigenen Grenzen nicht aus dem Fokus zu verlieren, muss ich das Verhalten von Menschen bewerten, mit denen ich häufig zu tun habe oder gar zusammenlebe. Ich kann vieles tolerieren, aber nicht alles. Ich kann über viele Dinge gelassen hinwegsehen, aber nicht über alles. Wenn etwas zu meinen Lasten geht, muss ich mich fragen, ob ich dieser Last gewachsen bin und ob ich sie überhaupt tragen will. Ich muss mich vielleicht auch manchmal fragen, ob es in Ordnung ist vom anderen, dass er mir dies oder das zumutet. Wie könnte ich für mich selbst wichtige Entscheidungen treffen, wenn ich das Verhalten meiner Mitmenschen nicht bewerte? Ich muss das Verhalten fremder Menschen bereits an dem Punkt bewerten, an dem ich überlege, ob ich sie, nachdem ich sie kennengelernt habe, in meinem Haus haben will. Schließlich wird es viele Menschen geben, denen gegenüber ich mich freundlich verhalten werde, weil ich mich in meinem Leben zur Freundlichkeit entschieden habe. Aber es wird nur wenige geben, die ich in mein Haus einlade und noch weniger, die ich als gute Freunde bezeichne.

Egal ob im Beziehungs- oder im Arbeitsleben, ob in Freundschaften oder in der Nachbarschaft: Ich fühle mich nur respektiert und geschätzt, wenn meine Grenzen respektiert werden. Dafür muss ich sie aber deutlich machen. Dazu ist eine Bewertung der Situation und der Verhaltensweisen notwendig. Wenn ich nicht nach meinen Maßstäben bewerten darf, kann ich Situationen nicht mehr einschätzen – und das kann sowohl privat, als auch beruflich, fatale Auswirkungen haben.

Ich bin viel mehr der Meinung, wenn von »Bewertung« gesprochen wird, ist eher »Abwertung« gemeint. Denn eine Abwertung anderer Menschen sollte niemals erfolgen.

Ich stimme also allen Trainerkollegen, Coaches, Speakern und allen, die sich sonst noch dieses Themas annehmen, zu: Eine gesunde Beziehung basiert auf Achtsamkeit, auf freilassender Liebe, auf gegenseitigem Respekt. In einer gesunden Beziehung sollten aber auch Grenzen verdeutlicht und Situationen bewertet werden. Es sollte allerdings niemals eine Abwertung erfolgen. Der Unterschied? Nun … stelle ich fest, dass ich anfange, meinen Partner oder einige seiner Verhaltensweisen geringschätzig zu betrachten, ihn also beginne, gedanklich abzuwerten – sollte ich mich fragen, ob das der richtige Partner für mich ist. In diesem Fall ist es für ihn, wie auch für mich besser, wir lösen uns voreinander. Aus Gedanken werden nämlich irgendwann Worte.

Abwertung und emotionale Erpressung hängen sehr eng zusammen. Wer einen anderen Menschen emotional erpresst, wertet ihn immer auf die eine oder andere Art ab. Eine Beziehung, in der emotionale Erpressung herrscht, ist niemals achtsam und freilassend. Es ist wichtig, Verhaltensweisen und Situationen zu bewerten, denn nur so wirst du an diesem Problem arbeiten können.

Gestörte Persönlichkeiten – und emotionale Erpressung

Wir leben in einer Zeit, in der so ziemlich jeder Mensch die Möglichkeit hat, sich im Internet über alles Mögliche zu informieren. Insbesondere Menschen, die unter bestimmten Situationen leiden, suchen auf diesem Weg natürlich nach Lösungen. Sie möchten verstehen, was in ihrem Leben passiert, in ihrer Beziehung, warum der Partner oder die Partnerin sich so verhält, wie es der Fall ist. Warum sie sich verletzt fühlen, unter Druck gesetzt, in einer scheinbar ausweglosen Situation gefangen. Es war nur eine Frage der Zeit, bis auch genauere Informationen zu diversen Persönlichkeitsstörungen frei verfügbar wurden. Musste man noch vor 20 Jahren einschlägige Fachliteratur lesen, die man sich auch erst einmal erschließen musste und die teilweise für den Laien recht unverständlich geschrieben war, finden sich inzwischen gut verständliche Informationen zu diesen Themen auf zahlreichen Plattformen im Internet. Wie wichtig diese Entwicklung war, erkennt man, wenn man sich die vielen Selbsthilfegruppen vor Augen führt, die im Netz online betrieben werden. In solchen Selbsthilfegruppen unterstützen sich User gegenseitig, die unter einem Partner zu leiden haben, der eventuell eine Persönlichkeitsstörung hat – oder einfach nur schwierig ist.

Die große Gefahr dabei ist natürlich das Diagnostizieren, das eigentlich nur Psychiatern erlaubt ist. Und das aus gutem Grund. Der Laie glaubt schnell, bestimmte Muster zu erkennen, und steckt seine Beziehung und all das, was darin passiert, dadurch in eine spezielle Schublade. Das kann richtig oder falsch sein. Letztlich aber bin ich davon überzeugt, dass es egal ist, solange sich nicht ein innerhalb einer Partnerschaft betroffener Mensch dazu berufen fühlt, irgendetwas heilen zu wollen oder lauthals eine eigenhändig gestellte Diagnose zu verkünden. Die Gefahr dabei ist natürlich auch, dass man seine Eigenanteile übersieht, während man sich mit der Frage beschäftigt, was mit dem Partner oder der Partnerin eigentlich los ist. Wie immer im Leben hängen Aktionen und Reaktionen auch hier zusammen. Wer den Verdacht hat, dass ein Lebenspartner bestimmte Züge aufweist, tut also gut daran, zu recherchieren – sollte aber unbedingt auch das eigene Verhalten überprüfen.

Wie also kann man diese Informationen, die zur freien Verfügung stehen, am klügsten nutzen, ohne eine Diagnose zu stellen? Kann man sie überhaupt nutzen oder steht das nur Fachleuten zu?

Meine Meinung dazu ist recht pragmatisch: Natürlich steht uns Laien keine Diagnose zu, aber das ändert nichts an der Tatsache, dass man als unmittelbar betroffener Partner oder Partnerin die volle Einsicht in das Verhalten des Anderen hat. Es gibt nun einmal für jede Persönlichkeitsstörung spezielle Anzeichen und Signale, und die darf man ruhig ernst nehmen. Dafür muss man keine Diagnose stellen, aber man darf durchaus beobachten, auch im Kontext mit den eigenen Gefühlen, Verhaltensweisen und Erlebnissen, welche dieser Anzeichen und Warnsignale sich zeigen. Der ganz normale Mensch ist es nämlich, der am Ende mit Menschen zusammenlebt, die möglicherweise von einer Persönlichkeitsstörung betroffen sind – und der das Ganze vollumfänglich erleben muss. Der Psychiater hingegen ist zwar zweifellos der Experte auf diesem Gebiet, bekommt aber vergleichsweise selten Menschen in seiner Praxis zu Gesicht, die tatsächlich an einer Persönlichkeitsstörung leiden. Beobachtet man die Gespräche in Selbsthilfegruppen und die bereit gestellten Informationen auf diversen Plattformen, so sind es eher die Opfer von Menschen mit Persönlichkeitsstörungen, die sich therapeutische Hilfe suchen.

Ich will dazu auch keine Fachdiskussion anregen, aber grundsätzlich stehen die Informationen zur Verfügung, jeder kann sie erhalten und wer sich betroffen fühlt, sollte sich auch informieren. Das ist meiner Ansicht nach lebenswichtig, denn viele wichtige Entscheidungen im Leben hängen nun einmal von den Informationen ab, die man zur Verfügung hat. Insbesondere in Beziehungen macht es durchaus einen Unterschied zu wissen, dass spezielle Eigenschaften möglicherweise narzisstischer, antisozialer oder dependenter Persönlichkeitsstörungen entspringen, oder ob man Krisen durch spezielle Auslöser oder gar körperliche und behandelbare Erkrankungen zugrunde legen könnte. Manches ist nämlich tatsächlich heilbar, anderes eben nicht. Menschen, die unter einer Persönlichkeitsstörung leiden, können jedenfalls mit Liebe nicht geheilt werden. Dieses Wissen ist überlebenswichtig für die Menschen, die an solche Persönlichkeiten geraten und sich auf sie einlassen, um nicht an all dem, was passiert, zugrunde zu gehen. Die Entscheidung für eine Trennung fällt viel leichter, wenn man für sich selbst erkennt, mit was man es (wahrscheinlich) zu tun haben könnte.

Du siehst als Leser dieses Buches, ich eiere ein bisschen um die Fachbegriffe und Diagnosen herum, aber das muss ich auch. Ich werde einen Teufel tun, zu sagen, dass dieser oder jener Mensch ein Narzisst oder Paranoider ist. Aber da ich mich lange mit diesen Themen beschäftigt habe, bin ich bereit zu sagen, dass jemand zum Beispiel narzisstische, dependente oder psychopathische Züge aufweist. Was mich von den Damen und Herren Psychologen und Psychiater unterscheidet, ist die Praxis des Erlebens. Ich habe damit nicht beruflich zu tun, aber ich habe oft mit Menschen zu tun, die man als Opfer solcher Menschen bezeichnen muss. Ich maße mir nicht die Diagnose »Narzissmus« oder Ähnliches an, und das kann ich auch nicht, weil der Narzisst – ob nun männlich oder weiblich – nun einmal niemals mit mir zusammen sitzen und sagen würde, dass er/sie ein Narzisst ist und Hilfe braucht. Hilfe brauchen in der Regel die Opfer und die suchen sie sich inzwischen auch aktiv. Eine Entwicklung, die ich sehr begrüße. Psychologen und Psychiater erleben gestörte Persönlichkeiten nun einmal nur auf der professionellen Ebene, nämlich in ihrer Praxis. Falls sich mal einer dorthin verirrt, weil er Hilfe sucht, was selten passiert. Wir »normalen Menschen« hingegen erleben diese Menschen im Alltag und ihrem natürlichen Umfeld, ganz weit weg von einer Therapiesituation.

Wer sich der Mittel der emotionalen Erpressung bedient, muss nun nicht zwangsläufig auch eine Persönlichkeitsstörung aufweisen. Meine Meinung ist, dass viele Menschen mit emotionaler Erpressung arbeiten, die von einer Persönlichkeitsstörung ganz weit weg sind. Und so kann es auch passieren, dass ein »ganz normaler Mensch« in einer Beziehung mit einem anderen »ganz normalen Menschen« plötzlich narzisstische Züge aufweist. Warum? Weil es da auch immer diesen bereits erwähnten Eigenanteil gibt. Wenn ein Mensch emotional erpresst wird, reagiert er unterschiedlich. Manche ertragen es, andere wehren sich. Die sich wehren, tun das meist auf die falsche Art und werden dann unter Umständen in die Narzissten-Schublade gesteckt, obwohl sie alles andere als Narzissten sind. Anders herum gesagt: Emotionale Erpressung gehört definitiv ins Repertoire von Narzissten, nur das alleine ist noch kein Beweis für Narzissmus. Das soll solches Verhalten nicht relativieren, nur verdeutlichen, dass man sich als Laie und vor allem als Betroffener in einer persönlichen Beziehung auf sehr dünnem Eis bewegt, wenn man das Verhalten des anderen analysiert und das eigene Verhalten dabei außer Acht lässt.

Erst wenn einige weitere Merkmale erfüllt sind, kann man eine Persönlichkeitsstörung in Betracht ziehen. Ein Mensch mit narzisstischen Zügen erpresst auf anderen Wegen als ein Mensch mit einer dependenten Persönlichkeitsstörung. Man kommt also nicht daran vorbei, in einem Buch über emotionale Erpressung auch die Persönlichkeitsstörungen näher zu beschreiben. Daher möchte ich in den folgenden Kapiteln unterschiedliche Persönlichkeitsstörungen vorstellen – und die gängigsten Methoden, die von diesen Menschen angewendet werden:

- Die narzisstische Persönlichkeitsstörung
- Die paranoide Persönlichkeitsstörung
- Die schizoide Persönlichkeitsstörung

- Die histrionische Persönlichkeitsstörung
- Die emotional-instabile Persönlichkeitsstörung (Borderline)
- Die dissoziale Persönlichkeitsstörung
- Die anankastische Persönlichkeitsstörung
- Die dependente Persönlichkeitsstörung
- Die selbstunsichere Persönlichkeitsstörung

Nicht alle Persönlichkeitsstörungen sind eindeutig klassifizierbar – auch Experten haben es oft nicht so leicht, eine treffende Diagnose zu stellen. Das liegt auch daran, dass manche Menschen Merkmale verschiedener Persönlichkeitsstörungen aufweisen und sich diese überschneiden können, bzw. situationsbedingt zum Vorschein kommen. Es liegt auch daran, dass es auch innerhalb einer tatsächlich diagnostizierten Persönlichkeitsstörung stärkere und schwächere Ausprägungen gibt.

Unser Thema sind hier allerdings nicht die Persönlichkeitsstörungen, sondern die emotionale Erpressung. Diese ist jedoch bei vielen Störungen ein häufiges Symptom, das sich nur entsprechend der vorliegenden Störung äußert.

Die narzisstische Persönlichkeitsstörung

Arroganz, Selbstsucht und totaler Egoismus – das sind die wesentlichen Merkmale, die man der narzisstischen Persönlichkeitsstörung zugrunde legt. Aber das ist natürlich weit ab von der klinischen Beschreibung und einer Diagnosemöglichkeit für Psychiater. Es sind die wesentlichen Merkmale, die sich auf das Umfeld eines Narzissten im ganz normalen Alltag auswirken – können aber auch einfach nur Wesenszüge eines miesen Charakters sein.

Die narzisstische Persönlichkeitsstörung hingegen weist noch wesentlich mehr Merkmale auf, und die Gefahr bei einer Diagnose durch Laien liegt auch und vor allem darin, dass manche Merkmale eben nur situationsbedingt auftreten. Das heißt, es kann Auslöser geben wie zum Beispiel eine finanzielle oder berufliche Krise, die manche Menschen dazu treibt, sich vorübergehend in einer Art und Weise zu verhalten, dass man sie fast schon als narzisstisch bezeichnen könnte. Dies wiederum soll nun nicht heißen, dass es einfacher wäre, damit umzugehen als mit der tatsächlichen Persönlichkeitsstörung. Krisen werden von Paaren oft genau aus solchen Gründen nicht überlebt, weil sich einer von beiden in schweren Zeiten unaushaltbar für den anderen benimmt – und kein Ende in Sicht ist. Oft ergibt dann auch das eine das andere, was bedeutet, Menschen reagieren ja auf Anreize. Wenn sich mein Partner mir gegenüber arrogant verhält, bin ich natürlich bestrebt, ihn von seinem hohen Ross herunterzuholen. Ebenso verhält es sich, wenn ein Partner sich plötzlich extrem selbstsüchtig verhält – selbstverständlich wehrt man sich dagegen! Das Echo bleibt allerdings dann auch nicht aus.

Die narzisstische Persönlichkeitsstörung ist hingegen tiefgreifend und keinesfalls vorübergehend. Es gibt allerdings verschiedene Phasen in der Beziehung mit einem Narzissten, und die zeigen deutlich ein vollkommen paradoxes Verhalten auf. Echte Narzissten sind wunderbare Blender. Sie beherrschen es, aufzufallen und zu glänzen. Damit üben sie eine starke Anziehungskraft auf viele Menschen aus – und ein Großteil davon hat später noch das »Vergnügen«, den Narzissten dann auch noch mal ganz anders zu erleben: Keinesfalls glänzend, sondern eher abstoßend durch sein eiskaltes Verhalten, welches völlig frei von Empathie für andere ausgelebt wird.

Echte Narzissten haben sehr widersprüchliche Eigenschaften. Grundsätzlich haben sie in der Regel ein sehr schlechtes Selbstwertgefühl. Daraus resultiert eine große Anfälligkeit bei Kritik aller Art. Im Widerspruch dazu steht allerdings die Tatsache, dass echte Narzissten sich sehr auffällig selbst bewundern, sehr eitel sind, und nach außen hin unglaublich selbstbewusst wirken. Man glaubt tatsächlich, es mit einem starken Menschen zu tun zu haben, den nichts erschüttern kann. Grundsätzlich überspielen Narzissten allerdings damit die Tatsache, dass sie im Grunde ein sehr schlechtes Selbstwertgefühl haben. Ihre beruflichen Leistungen sind natürlich großartig, sie sind davon überzeugt, intelligenter zu sein als die Menschen in ihrem Umfeld und können sich nur sehr schlecht in andere Menschen und deren Gefühlsleben hineinversetzen. Mitgefühl ist ihnen also fremd. Narzissten sind sehr statusbewusst, und das bedeutet, sie müssen in ihrem Hab und Gut immer anderen Leuten überlegen sein, um sich gut zu fühlen. Es muss immer das ganz besondere Auto sein, die ganz besondere Hifi-Anlage, das besonders schöne Haus. Um das zu erreichen, sind alle Mittel recht, und das verlangt natürlich auch nach Empathielosigkeit, denn Narzissten neigen dazu, sich zu bereichern und dabei über Leichen zu gehen. In allem was sie denken, sagen und wirklich tun, überschätzen sie sich selbst ganz unglaublich. Nicht selten werden sie mit den Folgen ihrer Selbstüberschätzung konfrontiert und das ist natürlich schwer erträglich für einen Narzissten. Deswegen sind selbstredend andere Menschen daran schuld, wenn der Narzisst seinen Willen nicht bekommt oder nicht erreicht, was er erreichen wollte. Narzissten verhalten sich ausbeuterisch und zerstören ohne jedes Mitgefühl ganze Existenzen, wenn es sie weiterbringt. Neid gehört bei ihnen genauso zum Lebensalltag wie das Lügen und das Verdrehen von Tatsachen, wo immer es ihnen notwendig erscheint, um gut dazustehen.

Hinweisen sollte man an dieser Stelle auch auf den narzisstischen Persönlichkeitsstil. Er ähnelt einer narzisstischen Persönlichkeitsstörung, aber die Merkmale sind nicht ganz so stark ausgeprägt. Für den Laien kaum zu unterscheiden und schon deswegen sollte man sich vor Diagnosen hüten.

Grundsätzlich ist das aber im ganz normalen Alltag vollkommen gleichgültig, wenn man mit einem solchen Menschen zusammen lebt oder im Begriff ist, mit einem solchen Menschen eine gemeinsame Zukunft aufzubauen. Wer an einen Menschen mit einem narzisstischen Persönlichkeitsstil geraten ist, durchlebt in der Regel einen langen Leidensweg und die wenigsten Menschen gehen aus solchen Beziehungen schadlos heraus. Schlimmer geht immer, natürlich! Experten gehen davon aus, dass weniger als ein Prozent der Bevölkerung in Deutschland von dieser Persönlichkeitsstörung betroffen sind. Offenbar sind auch mehr Männer als Frauen davon betroffen, das Verhältnis beträgt schätzungsweise drei zu eins.

Kann man das so hinnehmen? Ich glaube nicht. Die Sache ist nämlich die: Der Narzisst weiß ja nicht, dass er an einer Persönlichkeitsstörung leidet und er ist es ja auch nicht, der leidet: Das Umfeld steht in der Regel unter großem Leidensdruck. Da der Narzisst aber generell der Meinung ist, selbst absolut großartig zu sein, wird er natürlich den Fehler niemals bei sich selbst suchen. Man kann solche Menschen nicht in der Psychiatrie zwangseinweisen. Das Einzige was man tun kann, ist den Kontakt abzubrechen, zu gehen, sich zu trennen. Der Narzisst – oder der Mensch mit dem narzisstischen Persönlichkeitsstil – wird niemals die Fehler bei sich suchen, sondern sie seinem Opfer zuschieben. Er (oder sie!) ist doch viel zu großartig, um einen Psychiater aufzusuchen! Daher kann man mit gutem Gewissen laut sagen, dass wahrscheinlich nur die Spitze des Eisbergs jemals bei einem Psychiater vorstellig wird. Wie vorhin schon erwähnt, sind es in der Regel eher die Opfer von Narzissten, die therapeutische Hilfe in Anspruch nehmen – und viele von ihnen müssen das nach einer solchen Beziehung auch tatsächlich, weil es ihnen einfach schlecht geht. Wirkliche Narzissten, oder nennen wir sie einfach Menschen mit narzisstischen Zügen, werden auch dafür sorgen, dass ihre Partner davon überzeugt sind, dass mit ihnen selbst etwas nicht stimmt. Warum also sollte der Narzisst einen Therapeuten aufsuchen? Er selbst ist doch ganz großartig! Da stellt sich natürlich die Frage, auf welchen Wegen die statistisch erfassten Narzissten dann doch irgendwann mal zu einem Psychiater gelangen, nicht? Die meisten sicherlich, weil sie in irgendeiner Form straffällig geworden sind. Das muss nicht zwangsläufig Knast bedeuten, es kann aber bedeuten, dass zumindest ein Polizeieinsatz stattgefunden hat und das Verhalten eben auffällig war – und das öffentliche Interesse gestört hat.

Ich erspare dir an dieser Stelle die Klassifizierung nach DSM, weil sie ein Werkzeug der Diagnosestellung ist. Und Diagnosen wollen und dürfen wir ja nicht stellen.

Wichtig in Bezug zur emotionalen Erpressung – meinem eigentlichen Thema – ist allerdings, dass Narzissten und Menschen mit narzisstischen Charakterzügen die emotionale Erpressung in der Regel sehr gut beherrschen. Sie sind Meister der Manipulation. Ihre Methoden sind auch meisterhaft. Sie nutzen alle Mittel und Wege der emotionalen Erpressung, die ihre eigene Machtposition festigen und ihren Mitmenschen immer kleiner werden zu lassen.

Emotionale Erpresser mit narzisstischem Hintergrund
- Lassen den Partner immer kleiner werden
- Erzeugen unangemessene Gefühle von Dankbarkeit bei ihren Partnern
- Schüren Schuldgefühle ihrer Partner
- Bestrafen durch Schweigen und Ignorieren und sind auch der Meinung, das Recht dazu zu haben

- Lügen und verdrehen die Wahrheit so lange, bis es für sie passt
- Verhalten sich häufig passiv-aggressiv

Wenn dein emotionaler Erpresser ein Mensch mit narzisstischen Zügen ist, wirst du dich immer schwächer, immer kleiner, immer abhängiger, immer hilfloser fühlen. Gleichzeitig wirst du immer mehr versuchen, es ihm recht zu machen, und das heißt, du nimmst dich immer mehr zurück, vernachlässigst deine eigenen Wünsche und Vorstellungen, ordnest dich immer mehr unter und fühlst dich permanent schuldig.

Die paranoide Persönlichkeitsstörung

Menschen, die an dieser Persönlichkeitsstörung leiden, sind stets misstrauisch – allem und jedem gegenüber. Man sollte das nicht mit einer allgemeinen, negativen Grundhaltung, dem Pessimismus, verwechseln, obwohl das Ganze durchaus pessimistische Züge annehmen kann. Paranoide Menschen sind immer in der Erwartungshaltung, dass von anderen Menschen nur Schlechtes kommt, dass sie angegriffen und emotional verletzt werden. Sie sind sehr empfindlich Kritik gegenüber und fühlen sich dadurch sofort angegriffen. Die Reaktionen sind entsprechend unangemessen, man könnte es als vollkommen übertrieben bezeichnen. Paranoide Persönlichkeiten starten bei einem Angriff oder dem, was sie als solchen empfinden, sofort zum Gegenangriff. Im Gegensatz zu Narzissten allerdings kann man bei ihnen nicht davon ausgehen, dass es ihnen an Empathie mangelt: Paranoide Persönlichkeiten haben einen ausgeprägten Sinn für unterschiedliche Situationen und analysieren häufig messerscharf.

Dadurch kann man nicht einmal davon ausgehen, dass sie sich im Unrecht befinden, aber: Durch die unangemessenen Reaktionen und die sofortigen Gegenangriffe ist es kaum möglich, mit einem solchen Menschen vernünftig über einen Konflikt zu sprechen oder Lösungen zu finden. Emotionale Erpressung durch Menschen mit paranoiden Persönlichkeitsmerkmalen kann viele Gesichter haben. Grundsätzlich eignet sich jede Methode, die dem anderen seine Schuld bewusst macht und die eigene Unschuld an diversen Situationen verschleiert, bzw. hervorhebt. »Wenn du mich lieben würdest, dann…« kann man von diesen Menschen ebenso hören wie »Ich verlasse dich, weil…«. Nun hat ja jeder Mensch das Recht, einen anderen Menschen zu verlassen, wenn er nicht glücklich ist. Normalerweise zeichnet sich so etwas aber durch anhaltende Konflikte über einen gewissen Zeitraum aus – oder einfach nur wachsende Erkenntnisse. Bei einem Menschen, der diese Züge aufweist, muss man als Partner aber damit rechnen, dass aus einer Mücke ein Elefant gemacht wird.

Die Reaktionen auf unterschiedliche Konflikte sind, wie bereits erwähnt, vollkommen unangemessen, deswegen fallen Partner meist erschüttert aus allen Wolken, wenn sie versuchen, einen Konflikt zu lösen. Die Folge ist, dass Konflikte in der Zukunft eben wegen dieser unangemessenen Reaktionen vermieden werden – meist durch die Partner selbst. Das heißt, es wird alles vermieden, was den paranoiden Menschen aufregen, verletzen oder verärgern könnte. Partner müssen sich und ihre Anliegen also auch hier immer mehr zurücknehmen, aber die dadurch gewahrte Harmonie ist leider auch nicht echt – es ist nur Vermeidung, aus der sich zwangsläufig mit der Zeit umfangreiche Komplikationen und Konflikte ergeben. Insbesondere der emotionalen Erpressung wird hier prima der Weg geebnet, denn im Grunde ist es schon emotionale Erpressung, wenn man seine eigenen Anliegen ständig zurücknehmen muss, damit sich der Partner oder die Partnerin nicht aufregt und völlig überzogen reagiert.

Die schizoide Persönlichkeitsstörung

Menschen mit schizoiden Charakterzügen wirken gleichgültig und relativ distanziert. Sie scheinen keine oder nur wenige Emotionen zu haben, die zudem, wenn überhaupt vorhanden, durch die Distanziertheit nur schwer erkennbar sind. Sie sind desinteressiert an den Belangen anderer Menschen, leben meist ziemlich zurückgezogen und haben wenig Kontakte zu anderen Menschen. Es besteht kein Leidensdruck bei ihnen selbst, es sei denn, sie befinden sich in einer Beziehung und es treten dort Spannungen auf, die mit der Gefühlsarmut und der Distanziertheit in Zusammenhang stehen.

Emotionale Erpressung wird in der Regel nicht durch irgendwelche Gefühlsausbrüche oder einen Wortschwall stattfinden. Vielleicht kann man bei Menschen, die von dieser Störung betroffen sind, nicht einmal wirklich von emotionaler Erpressung sprechen. Sie sind einfach wenig emotional, stoßen sie auf Widerstand, distanzieren sie sich, ziehen sich zurück. Das sind die Menschen, die man als Partner einfach schweigend erleben könnte. Schweigen und Ignorieren zählt zwar zu den Methoden der emotionalen Erpressung, ist aber möglicherweise im Zusammenhang mit einer schizoiden Charakterstruktur überhaupt nicht so einzuordnen, weil es keine absichtliche Bestrafung des Partners darstellt, sondern eher einen Rückzug, weil sie sich selbst bedroht fühlen. Die Gefühle, die durch Schweigen und Ignorieren entstehen, werden von den Partnern trotzdem als bedrohlich empfunden. Natürlich wird ein davon betroffener Partner alles versuchen, um wieder ins Gespräch zu kommen und wenigstens etwas Emotionalität zu erleben. Das Grundproblem ist allerdings die grundsätzliche Armut an Emotionen. Partner spüren nach einiger Zeit einfach, dass sie durch diese Mauer nicht durchkommen. Das heißt, man findet sich damit ab und findet Wege – oder man trennt sich.

Von der schizoiden Persönlichkeitsstörung sind nach offiziellen Statistiken weniger als ein Prozent der Bevölkerung betroffen. Viel häufiger sind autistische Störungen, unter die auch beispielsweise das Asperger-Syndrom fällt. Auch Psychiater müssen hier genau abgrenzen, für den Laien ist es kaum möglich.

Die positive Nachricht für Beziehungspartner oder potenzielle Partner ist, dass die meisten von ihnen bereits aufgeben, bevor sich ein Zusammenleben entwickelt – eben wegen der Distanziertheit und der Gefühlsarmut. Es ist schwierig für einen von dieser Persönlichkeitsstörung betroffenen Menschen, eine Beziehung zu einem anderen Menschen aufzubauen. Emotionale Erpressung ist daher zwar nicht ausgeschlossen – den meisten Betroffenen dieser Persönlichkeitsstörung fehlt es jedoch am dafür nötigen Rüstzeug.

Die histrionische Persönlichkeitsstörung

Die Drama-Queen unter den Persönlichkeitsstörungen, und die kann sowohl männlich als auch weiblich sein, so wie alle Persönlichkeitsstörungen. Etwa 2 Prozent der Bevölkerung ist von dieser Persönlichkeitsstörung betroffen: Menschen mit diesen Zügen suchen ständig Aufmerksamkeit und Anerkennung. Sie sind geradezu darauf angewiesen, denn davon zehren und leben sie. Das Verhalten ist in der Regel sehr extrovertiert und hat schon Schauspielerqualität. Die Betroffenen sind meist sehr lebenslustig und durchaus in der Lage, andere Menschen in ihrem Umfeld mitzureißen. Aus diesem Grund haben sie meistens einen großen Bekanntenkreis. Unter diesen Umständen sollte man meinen, es ginge ihnen gut und sie hätten keinen großartigen Leidensdruck? Weit gefehlt, denn histrionische Persönlichkeiten leiden häufig an starken Selbstzweifeln – das ist ja der Grund dafür, dass sie ständig auf der Suche nach Aufmerksamkeit und Anerkennung sind. In vielen Momenten ihres Lebens fühlen sie sich einsam, unzufrieden und verstimmt, nahezu depressiv. Histrionische Persönlichkeiten mögen – oberflächlich betrachtet – keinen Grund für Depressionen haben, empfinden aber meist eine nagende, innere Leere.

Im Zusammenleben sind histrionische Persönlichkeiten äußerst anstrengend, weil sie ständig Aufmerksamkeit brauchen. Um diese zu bekommen, sind sie permanent in Action und suchen Wege, sich darzustellen. Da kommt es schnell zu Krisen innerhalb einer Partnerschaft.

Emotionale Erpressung durch histrionische Persönlichkeiten erfolgt in der Regel recht theatralisch, denn das entspricht nun einmal ihrem Persönlichkeitsmuster. Selbstmordandrohungen können da ebenso vorkommen wie das verzweifelte, leise Weinen mit dem Hinweis, dass das eigene Leben jetzt sinnlos ist. Histrionische Persönlichkeiten wollen geliebt und beachtet werden. Entsprechender Methoden bedienen sie sich, wenn sie zur emotionalen Erpressung greifen. Sie neigen eher weniger dazu, beleidigt zu schweigen oder ihren Partner zu ignorieren. Aber ihr Opferdasein leben sie in aller Dramatik aus.

Sind Histrioniker lernfähig?
Unter Umständen sind sie es, es kommt wahrscheinlich darauf an, ob es sich um einen echten Histrioniker handelt – oder jemand mit histrionischen Zügen. Selbst bei der echten Persönlichkeitsstörung steht die Frage im Raum, wie stark diese ausgeprägt ist. Emotionaler Erpressung muss man als Opfer dieser natürlich immer entgegentreten, denn sonst wirkt sie ja und wird zur anerkannten Methode. Bei einem Menschen mit histrionischen Zügen ist es durchaus möglich ihm beizubringen, dass er mit diesen Methoden auf keinen Fall den gewünschten Erfolg haben wird. Dafür braucht man aber ein gutes Nervenkostüm und sehr viel Zeit. Ohne eine Therapie wird ein Histrioniker ohnehin immer wieder in seine alten Verhaltensweisen fallen.

Die emotional instabile Persönlichkeitsstörung (Borderline-Typ)

Hierbei handelt es sich um ein ernst zu nehmendes Krankheitsbild, das die Betroffenen meist nicht lange verbergen können. Es handelt sich um sehr impulsive Menschen, die sich meist als Opfer ihrer eigenen Gefühlslage empfinden. Die meisten von ihnen neigen dazu, sich selbst zu schädigen, können aber ebenso fremdaggressives Verhalten aufweisen. Borderliner reagieren sehr heftig auf Zurückweisung. Von ihrer Umwelt werden sie häufig als sehr launisch wahrgenommen. Viele Betroffene fühlen sich fremd in sich selbst, das heißt, sie sind innerlich einigermaßen verwirrt. »Borderline« wird in der Öffentlichkeit meist auf das »Ritzen« reduziert: Die Betroffenen schneiden sich selbst an Armen und Beinen. Das ist aber nicht ganz richtig, bzw. keine vollständige Beschreibung. Ein »Borderliner« muss sich nicht unbedingt selbst »ritzen«, um als solcher aufzufallen. Viele Borderliner würden das niemals tun. Es gibt aber Unmengen von Wegen, um sich selbst großen Schaden zuzufügen: Alkohol-, Drogen- oder Medikamentenmissbrauch – das sind wohl die Häufigsten. Viele Borderliner begeben sich auch absichtlich in sehr gefährliche Situationen.

Nahestehende Personen haben oft das Gefühl, einen Borderliner mit ihrer Liebe und Zuwendung heilen zu können. Sie fühlen sich aber meistens sehr schnell überfordert, weil die Stimmung eines Borderliners seiner eigenen, innereren Störung entspringt und selten durch äußere Umstände änderbar ist. Das heißt, man kann einen Menschen mit Borderline-Störung mit Liebe und Fürsorge überschütten – und trotzdem fühlt er sich schlecht und führt selbstschädigende Handlungen durch. Schätzungsweise drei Prozent der Bevölkerung leiden an der Borderline-Störung.

Sehr viel häufiger kommt die Borderline-Problematik wahrscheinlich als Nebenerscheinung bei einigen anderen Persönlichkeitsstörungen vor. Oft liegen auch keine echten Persönlichkeitsstörungen vor, aber der Betroffene zeigt Züge von unterschiedlichen Störungen, die sich durchaus widersprechen können. Alleine selbstschädigendes Verhalten ist also noch kein Anhaltspunkt für eine Diagnose, die der Laie – ich muss mich da einfach wiederholen – ohnehin nicht stellen sollte.

Auch Borderliner neigen zur emotionalen Erpressung, und wenn sie diese Methoden anwenden, sind diese meist selbstzerstörerisch: Selbstmorddrohungen, schwerste Selbstverletzungen, Hungerstreik. Die Gefährlichkeit sollte aber nicht unterschätzt werden, denn Borderliner neigen auch zu Fremdaggressionen. Dass sie unter emotionalem Druck Gewalt anwenden, kann durchaus passieren, deswegen ist im Umgang mit einem Borderliner immer zu Vorsicht geraten. Ich habe schon so einige (durch Fachleute diagnostizierte!!!) Borderliner näher erlebt, und meiner Meinung nach kann man ihnen die emotionale Erpressung nicht »abgewöhnen«. Sie gehört zur Persönlichkeitsstörung, die im Übrigen dringend behandelt werden muss. Die meisten Borderliner verhalten sich jedoch tatsächlich auffällig und landen früher oder später in einer Therapie. Ob sie geheilt werden können, hängt von vielen Faktoren ab. Nach meiner Beobachtung lernen sie nur, besser mit ihrer Störung umzugehen und sich rechtzeitig Hilfe zu holen, wenn sie emotional nicht mehr zurechtkommen.

Nun steht also die Frage im Raum, ob man als betroffener Partner die emotionale Erpressung durch einen Borderliner in den Griff bekommen kann! Nach meiner Einschätzung geht das nicht. Man kann emotionaler Erpressung nur damit begegnen, dass man das eben nicht mit sich machen lässt. Grenzen aufzeigt, auf jeden Fall deutlich macht, dass dieses Verhalten nicht das gewünschte Ergebnis, sondern womöglich sogar das Gegenteil auslöst. Das aber kann bei einem Borderliner natürlich wiederum eine psychische Krise auslösen. Diesen Krisen wollen aber betroffene Partner aus dem Weg gehen, also beißt sich da die Katze in den eigenen Schwanz.

Die dissoziale Persönlichkeitsstörung

Die dissoziale Persönlichkeitsstörung nennt man auch die antisoziale Persönlichkeitsstörung, und die Bezeichnung ist hier Programm: Antisoziale Menschen neigen zu Gewalttätigkeiten und allgemein aggressivem Verhalten. Sie sind nicht in der Lage, wirklich Verantwortung zu übernehmen, und missachten in der Regel soziale Normen. Nicht selten geraten sie mit dem Gesetz in Konflikt. Antisoziale Persönlichkeiten sind sehr reizbar, reagieren höchst impulsiv und ihre Frustrationstoleranz ist äußerst gering. Sie sind oft auf der Suche nach Abenteuern und Aufregung, denn nichts langweilt sie mehr als Routine in Partnerschaft und Beruf. Menschen mit einer antisozialen Persönlichkeitsstörung oder mit antisozialen Charakterzügen sind immer auf der Suche nach dem eigenen Vorteil. Um diesen zu erhalten, sind sie dazu bereit, ihr Umfeld für ihre Zwecke zu missbrauchen und zu manipulieren. Experten gehen davon aus, dass bis zu 7 Prozent der Gesamtbevölkerung an einer antisozialen Persönlichkeitsstörung leiden – wobei es hier mehr das Umfeld ist, das darunter leidet, als die Erkrankten selbst.

Der Umgang mit diesen Menschen ist entsprechend kompliziert und insbesondere in engeren Beziehungen nicht selten von Gewalt geprägt, die sich sowohl psychisch als auch physisch äußern kann. Entsprechend sind die Methoden der emotionalen Erpressung. Wenn ein Mensch mit dissozialer Persönlichkeit seinen Willen nicht mit körperlicher Gewalt durchsetzen kann, wird er Manipulation anwenden und psychische Gewalt ausüben. Das bedeutet übrigens nicht, dass es ein entweder/oder gibt. Nicht wenige dieser Persönlichkeiten wenden einfach alle Methoden an, die ihnen zur Verfügung stehen, und das kann die ganze Palette sein.

Drohungen aller Art entsprechen also der dissozialen Persönlichkeit, und das kann sogar so weit gehen, dass Kinder, die im Haushalt leben, instrumentalisiert und für die eigenen

Zwecke missbraucht werden. Das gleiche geht übrigens auch mit Haustieren. Eine wirklich gefährliche Sache, die nicht nur für das eigentliche Opfer gefährlich werden kann, sondern eben auch für Kinder. Oft genug erscheinen in den Medien Berichte über Kindesmisshandlung oder Tierquälereien – weil Partnerin oder Partner nicht so funktionierten, wie es gewünscht war. Das mögen Ausnahmefälle sein, aber wer ein Kind oder ein Tier quält oder tötet, um einen Menschen gefügig zu machen, verhält sich eindeutig antisozial und natürlich ist das emotionale Erpressung – und zwar eine in der Form, die keinen Aufschub durch das Opfer duldet.

Wenn ein Mensch unter einer antisozialen Persönlichkeitsstörung leidet oder antisoziale Züge aufweist, wird er immer emotionale Erpressung als Methode einsetzen, seinen Willen durchzusetzen. Man kann sich nur schlecht bis gar nicht dagegen wehren, außer indem man sich diesem Menschen konsequent entzieht und sich selbst in Sicherheit bringt. Da ist nichts zu machen, weil Gegenwehr auch sehr gefährlich werden kann.

Die anankastische Persönlichkeitsstörung

Anankastisch bedeutet zwanghaft. Menschen mit zwanghaften Persönlichkeitszügen sind stets bemüht, fehlerfrei zu arbeiten, gleich in welchem Bereich. Sie zeichnen sich durch absolute Genauigkeit und hohe Zuverlässigkeit aus, wirken immer ordentlich und korrekt. Ihnen fehlt es aber an Spontanität, denn sie haben ja ihre ziemlich strikten Abläufe, und darüber hinaus haben sie nicht nur übertriebene Erwartungen an sich selbst, sondern auch an andere Menschen. Zwanghafte Persönlichkeiten können Aufgaben schlecht abgeben, denn sie sind davon überzeugt, dass andere Menschen diese nicht so genau erfüllen können wie sie selbst.

Beruflich werden diese Persönlichkeiten in der Regel sehr geschätzt, daher sind sie häufig sogar recht erfolgreich. Grundsätzlich neigen sie aber dazu, nicht nur sich selbst, sondern auch andere zu überfordern, und das kommt insbesondere im privaten Umfeld sehr zum Tragen.

Anankastische Persönlichkeiten neigen nicht mehr oder weniger zur emotionalen Erpressung als andere Menschen auch. Wenn sie solche Muster in ihrer Vergangenheit erlernt und angenommen haben, werden sie diese auch einsetzen. Man muss ihnen aber zugute halten, dass emotionale Erpressung kein Symptom ihrer Störung ist, sondern wie bei »gesunden« Menschen auch, ein erlerntes Muster. Dieses können sie auch wieder ablegen, wenn sie spüren, dass es nicht funktioniert.

Die gewählten Methoden können daher vielfältig sein, und entsprechen den individuellen Charakterausprägungen. Sie sind aber lernfähig, das ist die gute Nachricht. Stellen sie fest, dass emotionale Erpressung nicht wirkt, lassen sie es mit der Zeit sein – wenn sie auf entsprechende Gegenwehr stoßen. Ihr zwanghaftes Verhalten legen sie allerdings bestenfalls durch entsprechende Therapien ab.

Die dependente Persönlichkeitsstörung

Dependent bedeutet »abhängig«. Mit Abhängigkeit muss keine tatsächliche, wirtschaftliche Abhängigkeit gemeint sein, kann aber ebenfalls zutreffen. Die Abhängigkeit ist meist eher emotional. Grundsätzlich kann sich aber aus der eigentlich emotionalen Abhängigkeit mit der Zeit eine allgemeine Abhängigkeit entwickeln, die dann durchaus auch die wirtschaftliche Abhängigkeit mit einschließt. Emotionale Erpressung ist bei dependenten Persönlichkeiten leider tatsächlich ein großes Thema.

Diese Menschen haben das Gefühl, ihr Leben alleine nicht bewältigen zu können. Sie treffen nur ungern Entscheidungen und überlassen dies lieber ihrem Lebenspartner. Im beruflichen Leben befinden sie sich meist in Positionen, in denen sie einfach den Tätigkeiten nachgehen, die andere Personen ihnen – bildlich gesprochen – auf den Schreibtisch legen. Ob beruflich oder privat, sie brauchen immer eine Person, von der sie unterstützt werden, und insbesondere auf der privaten Ebene kann das einen Partner mit der Zeit ziemlich überfordern: Viele Lebenspartner halten das Verhalten für Verunsicherung und Ängstlichkeit, schieben das gerne auf schlechte Erfahrungen in der Vergangenheit und glauben, das legt sich mit der Zeit, was leider niemals der Fall ist.

Eine dependente Persönlichkeit hat grundsätzlich Angst, ihren Partner (oder auch die Partnerin) zu verlieren und wird sich daher immer den Wünschen des Anderen unterordnen. Eigene Gefühle oder Bedürfnisse sind bei ihnen genauso vorhanden wie bei allen Menschen, doch werden sie niemals geäußert. Dependente Menschen sind alles andere als bösartig. Sie sind vielmehr sogar ausgesprochen treu, hilfsbereit, vor allem aber sehr anhänglich. Das kann sehr gut gehen, wenn sie sich in einer Partnerschaft befinden, in der sie ihr Gegenstück gefunden haben. Die Gefahren für Menschen mit dependenter Persönlichkeitsstruktur sind so vielfältig wie die Individuen, mit denen sie näher zu tun haben. An der Seite eines liebevollen Lebenspartners, der gerne die Verantwortung und die Führung übernimmt, gleichzeitig die Achtung nicht verliert, weil ihm all das überlassen wird, droht einem dependenten Menschen nur wenig bis gar keine Gefahr. In einer Beziehung aber, in der ein Lebenspartner zu Gewalt neigt – psychisch, physisch oder beides – gehen diese Menschen unter. Sie sind nicht in der Lage, sich zu trennen, auch wenn sie furchtbar leiden. Im Grunde brauchen sie einen anderen Menschen, der sie da rausholt und gleichzeitig bereit ist, Verantwortung für sie zu übernehmen – eine Eigenart, die schon so manche dependente Persönlichkeit vom Regen in die Traufe geführt hat. Ansonsten neigen diese Menschen dazu, im bekannten Unglück zu verharren und auf Besserung zu hoffen. Wenn ein dependenter Mensch seine Bezugsperson verliert, durch Trennung oder Tod, führt das meistens zu schweren, psychischen Krisen.

Das allgemeine Verhalten ist unauffällig, der Bezugsperson gegenüber jedoch klammernd. Das kann nicht jeder Lebenspartner ertragen, wobei dependentes Verhalten bei Frauen von männlichen Partnern noch eher akzeptiert und sogar geschätzt werden kann, als das dependente Verhalten eines Mannes seiner weiblichen Partnerin gegenüber.

Nach meiner Beobachtung sind es insbesondere die dependenten Persönlichkeiten, die fast schon reflexartig die emotionale Erpressung anwenden. Sie haben es meist so gelernt. Die Methoden reichen von »ich kann ohne dich nicht leben« bis hin zu dramatischen Inszenierungen, die auf den Lebenspartner bedrohlich wirken und meist mit Selbstmorddrohungen einhergehen. Sie können auch weniger dramatisch daherkommen, aber ebenso riesigen Schaden anrichten, denn meist führen dependente Persönlichkeiten in ihrem Kopf ein Notizbuch. Dort wird fast automatisch alles eingetragen, was dieser Mensch jemals für wen auch immer getan hat, und das kommt zur Anwendung, wenn eine für ihn bedrohliche Situation, zum Beispiel eine Trennung, entsteht. »Ich habe so viel für dich getan« ist also etwas, was man insbesondere von abhängigen Persönlichkeiten hört. Von einer dependenten Persönlichkeit muss man auch erwarten, dass sie gezielt ihr Leiden zur Schau stellt. Das bleiche Gesicht, geprägt durch Weinen, Schlaflosigkeit und Appetitlosigkeit geht in diesem Fall einher mit stillem Leiden, aber ständiger Sichtbarkeit für das Opfer der Erpressung. Sprüche wie »ohne dich kann ich nicht leben« sind ganz typisch.

Auch diese Menschen sind mitunter lernfähig, aber das muss nicht für alle gelten. Eine seelische Abhängigkeit ist ja nicht gleichbedeutend mit Dummheit. Sie müssen nur merken, dass man ihren Methoden der emotionalen Erpressung entsprechend entgegentritt. Die gute Nachricht ist, dass sich eine dependente Persönlichkeit ja gerne unterordnet. Das klingt jetzt grausam, aber als Lebenspartner, der unter emotionaler Erpressung zu leiden hat, kann man sich da sehr schnell auf die sichere Seite bringen, indem man diesen Menschen klarmacht, dass man dieses Verhalten nicht duldet. Das geht auch sanft, aber sollte immer sehr bestimmt passieren.

Die selbstunsichere Persönlichkeitsstörung

Experten gehen davon aus, dass diese Persönlichkeitsstörung mit einer Häufigkeit von 5 Prozent in der Gesamtbevölkerung auftritt. Man nennt diese Persönlichkeitsstörung auch ängstlich-vermeidend. Die Betroffenen stecken voller Hemmungen, fühlen sich in vielen Situationen stark verunsichert und wirken daher meist recht schüchtern. Viele haben so starke Angst vor Kritik oder Zurückweisung, dass sie sich sozial isolieren. Irgendwo im Mittelpunkt zu stehen, liegt ihnen fern, der Gedanke ist ihnen unangenehm. Daher erheben sie auch nicht gerne das Wort, wenn sie sich im Kreis mehrerer Menschen befinden. Sie fassen nur schwer Vertrauen, aber ist das mal geschehen, sind sie durch ihre allgemeine Rücksichtnahme, ihre Feinfühligkeit und Sensibilität meist sehr geschätzte Freunde. Daher sind auch Liebesbeziehungen durchaus möglich, trotz ihrer Schüchternheit. In einer Beziehung können sie – vorausgesetzt diese verläuft positiv – sogar regelrecht aufblühen.

Allerdings sind diese Menschen auch extrem anfällig und das kann bedeuten, dass sich aus der bereits vorliegenden ängstlich-vermeidenden Störung heraus weitere Störungen entwickeln: Depressionen, zwanghaftes Verhalten oder auch Angststörungen sind recht typische Entwicklungen.

Ängstlich-vermeidend bedeutet innerhalb einer Partnerschaft ein angepasstes Verhalten und das Vermeiden von Konflikten. Kritik oder eine schlechte Bewertung ihrer Fähigkeiten oder Verhaltensweisen macht diese Menschen so fertig, dass sie natürlich ihr Bestes geben, um nicht negativ aufzufallen.

Methoden der emotionalen Erpressung wenden sie nicht aufgrund ihrer Persönlichkeitsstörung an, sondern dann, wenn sie diese Methoden durch ihre bisherige Entwicklung als Muster verinnerlicht haben. Sie unterscheiden sich damit also nicht von anderen Menschen. Das »Notizbuch im Kopf« kann allerdings auch hier zum Vorschein kommen, und das bedeutet, dass bei Gelegenheit aufgerechnet wird: wenn es kritisch wird. Viel typischer ist allerdings das leise Weinen, das offene zur Schau tragen der eigenen, sehr schlechten Gefühle: »Schau mal, wie schlecht ich aussehe, denn ich kann nicht mehr essen, nicht mehr schlafen, nicht mehr leistungsfähig sein.« Emotionale Erpressung kann natürlich durch Worte ausgedrückt werden, aber viel häufiger kommt bei Menschen mit dieser Persönlichkeitsstruktur das offene Zeigen der eigenen Leidenssituation zum Tragen.

Man kann dem entgegenwirken, wie man es bei gesunden Menschen auch täte, nämlich durch aktives Verdeutlichen, dass man sich nicht erpressen lässt. Das heißt, die Person muss nicht nur erfahren, dass man sich nicht erpressen lassen will, sondern auch zu spüren bekommen, dass sie mit ihrem Verhalten genau das Gegenteil bewirkt von dem, was sie eigentlich wollte. Ich persönlich bin der Meinung, dass auch diese Menschen lernen können, mit der Zeit immer weniger mit diesen Methoden zu arbeiten und es irgendwann vielleicht sogar ganz zu unterlassen. Aber das verlangt nach viel Geduld des Lebenspartners.

Emotionale Erpressung – die Methoden

Es gibt viele Wege, emotionale Erpressung durchzuführen, auch wenn sie alle das gleiche Ziel haben: Du sollst dich im Sinne des Erpressers entscheiden. Du sollst gefügig gemacht werden. In diesem Abschnitt schauen wir uns die Methoden der emotionalen Erpressung mal etwas näher an. Emotionale Erpressung kann im ganz kleinen Rahmen erfolgen und fällt oft kaum auf. Sie kann aber auch im großen Stil erfolgen, wesentliche Grenzen überschreiten, und das Opfer der emotionalen Erpressung zerstören.

Auf den folgenden Seiten werde ich dir Situationen und Formulierungen emotionaler Erpressung aufzeigen, wie sie täglich geschieht. Ich werde auch versuchen, dir zu zeigen, wie du dich dagegen wehren kannst.

Es ist wichtig, emotionale Erpressung zu erkennen und ihr angemessen zu begegnen. Tust du das nicht, kann es passieren, dass du dich, ohne es zu wollen auf ein Spiel einlässt, das euch beide auf Dauer zermürbt. Wird emotionaler Erpressung nicht Einhalt geboten, entwickeln sich Verhaltensmuster bei beiden Partnern, die in diesem Miteinander zwar scheinbar funktionieren, aber keinen von beiden glücklich sein lassen. Ganz im Gegenteil – solche Verbindungen sind giftig!

Damit entwickelt sich außerdem ein Beziehungsmuster das man, kommt es eines Tages zur Trennung, in sich aufnimmt, und es weiterträgt in die nächste Beziehung. Wer lange unter dem Einfluss emotionaler Erpressung gestanden hat, könnte unbewusst in der nächsten Beziehung wieder das gleiche Muster leben. Auch das Gegenteil ist möglich – du könntest in deiner nächsten Beziehung zum Täter werden, weil du dieses Muster übernommen hast, auch wenn du es nicht wolltest.

Vorwürfe machen: »Du würdest dich niemals so verhalten, wenn du mich wirklich lieben würdest!«

Um was geht es, wenn diese Aussage fällt? Wie immer um die Bedürfnisse des Anderen. Du hast nichts gekocht, das letzte Schnitzel gegessen, die Blumen vergessen oder einen Jahrestag? Wenn ein Mensch dir unterstellt, dass du ihn nicht liebst, nur weil du so oder so gehandelt hast, dies oder das vergessen hast, ist das emotionale Erpressung. Du sollst ein schlechtes Gewissen bekommen. Drastisch ausgedrückt: Du solltest deine Liebe beweisen, aber das hast du nicht getan. Und jetzt bist du schuld, weil dein Partner unglücklich ist. Du sollst dich schlecht fühlen, denn du hast bewiesen, dass du deinen Partner nicht liebst.

In einer gesunden Beziehung akzeptieren beide Partner die Interessen und Beschäftigungen des anderen. Es hat nichts mit mangelnder Liebe zu tun, wenn jemand den Dingen nachgeht, die er gerne tut. Im Gegenteil, es hätte etwas mit Liebe zu tun, wenn der Partner, der sich über mangelnde Liebe beklagt, weil er mal für eine gewisse Zeit nicht im Mittelpunkt steht, sich einfach selbst beschäftigen und dem anderen sein Vergnügen gönnen würde. Es hat überhaupt nichts mit Liebe zu tun, wenn wir verlangen, dass unser Partner uns stets an die erste Stelle setzt sich selbst dabei aus den Augen verliert.

Es hat auch nichts mit mangelnder Liebe zu tun, wenn ein Partner etwas vergisst oder einfach aus Zeitgründen etwas nicht tut, was der Andere gewünscht hätte. Es sei denn, das passiert ständig und offenbar mit dem Wunsch zu verletzen – das gibt es auch, aber das ist ein anderes Thema, nämlich das von passiv-aggressivem Verhalten. Das hat aber noch ein paar ganz andere Merkmale. Deswegen gehen wir hier einfach mal von ganz normalen Verhaltensweisen aus, von einem Partner, der etwas wirklich vergessen hat, es nicht geschafft hat, zu kochen, oder das letzte Schnitzel gegessen hat, ohne sich Gedanken drüber zu machen. Oder, was viel häufiger vorkommt, von solchen Situationen im folgenden Beispiel.

Ein typisches Beispiel:
Franz und Lena sind seit fünf Jahren ein Paar. Sie leben zusammen, beide arbeiten. Franz trifft eines Abends auf dem Nachhauseweg ein paar alte Schulfreunde, die gerade zusammen unterwegs sind. Er schließt sich an, ruft Lena an um ihr zu sagen, dass er an diesem Abend nicht zu Hause sein wird. Sie soll nicht auf ihn warten, es kann spät werden. Franz tut an diesem Abend nichts Schlimmes. Er sitzt mit seinen alten Freunden in irgendeiner Kneipe, zischt ein paar Bierchen und hat einfach Spaß. Als er an diesem Abend nach Hause kommt, ist es schon nach Mitternacht. Lena sitzt auf dem Sofa, ist sichtlich beleidigt und sagt: »Ich habe mich den ganzen Abend gelangweilt und es wurde immer später, da habe ich mir dann auch noch Sorgen gemacht. Wenn du mich wirklich lieben würdest, dann würdest du dich niemals so verhalten!«

Franz ist sich allerdings keiner Schuld bewusst. Er hat sie ja angerufen, ihr Bescheid gesagt, dass er nicht nach Hause kommen wird, dass er mit alten Freunden unterwegs ist. Dass ein solcher Abend nicht um zehn Uhr endet, könnte man einfach mal voraussetzen. Dass Lena sich als erwachsene Frau, die sie ja nun einmal ist, vielleicht einfach mal alleine beschäftigen könnte, sollte man auch voraussetzen. Franz wollte einfach nur spontan einen netten Abend mit alten Kumpels erleben und er hatte Spaß. Das hatte überhaupt nichts mit Lena zu tun.

Wie du dich dagegen wehrst:
- Stelle Gegenfragen!
- Warum unterstellst du mir, ich liebe dich nicht?
- Warum glaubst du, dass mein Verhalten etwas mit meiner Liebe zu dir zu tun hat?
- Denkst du wirklich, ich liebe dich nicht, nur weil ich mich mit Freunden getroffen habe?

Du zwingst deinen Partner damit, dir die Frage genau zu beantworten, dir eine Erklärung zu liefern. Was auch immer du tun möchtest, woraufhin dir unterstellt wurde, dass du keine Liebe empfindest – tu es jetzt erst recht. Dein Partner muss spüren, dass du dich nicht erpressen lässt. Sich aufzuregen bringt übrigens gar nichts – ruhig und gelassen zu bleiben, mag zwar eine Herausforderung sein, wenn man sich emotional erpresst fühlt, aber es ist das einzig Richtige.

Was könnte der junge Mann aus unserem Beispiel tun, Franz? Nun, er könnte eben so reagieren wie oben beschrieben. Er könnte Lena völlig gelassen ansehen und sagen: »Ich habe dich angerufen und dir Bescheid gesagt. Es gab also keinen Grund zur Sorge. Warum unterstellst du mir, ich liebe dich nicht?«

Weil solche Situationen immer recht typisch verlaufen, könnte Lena jetzt möglicherweise damit argumentieren, dass es völlig gegen Franz Gewohnheit ist, unter der Woche, wenn er am nächsten Tag arbeiten muss, so spät nach Hause zu kommen.«

Franz könnte wie folgt argumentieren: »Es ist gegen meine Gewohnheit, aber es hat sich so ergeben und du wusstest Bescheid. Ich wiederhole meine Frage, warum glaubst du, ich liebe dich nicht, nur weil ich unterwegs war und so spät nach Hause gekommen bin?«

Wahrscheinlich wird Lena nun diese Frage nicht beantworten können. Gibt es weitere Argumente, die sie bringen könnte? Bestimmt. Menschen sind individuell und einer Lena fallen vielleicht noch hundert Argumente ein. Andere brechen das Theater an dieser Stelle vielleicht ab. Franz könnte aber immer wieder Gegenfragen stellen und irgendwann wird auch Lena feststellen, dass sie diese Frage nicht vernünftig beantworten kann. Möglicherweise geht sie dann beleidigt schlafen, aber sie beruhigt sich auch wieder. Man kann aber davon ausgehen, dass Lena begriffen hat, dass sie so nicht argumentieren kann.

Es kann natürlich vorkommen, dass sich solche Anschuldigungen noch ein, zwei Mal wiederholen, zu unterschiedlichen Gelegenheiten. Franz aus unserem Beispiel müsste also tatsächlich vorgewarnt sein, wenn Lena schon einmal so argumentiert hat – und damit »auf Zack«, wenn sie es noch einmal tut. Irgendwann werden solche Verhaltensweisen abgestellt, wenn sie nicht funktionieren. Sie funktionieren nur dann, wenn man das Spiel mitspielt.

Es nützt an dieser Stelle also niemandem, wenn man sich entschuldigt, oder wenn man verspricht, dass »so was« nicht mehr vorkommt. Es ist ja nichts Schlimmes passiert. Wenn man jetzt aber solche Versprechungen abgibt, nur damit wieder Frieden einkehrt und das Gegenüber sich beruhigt, sitzt man in der Falle. Solche Versprechungen kann man nämlich nicht einhalten, wenn man sich nicht vollständig unter den Pantoffel begeben will, egal ob Mann oder Frau. Bei der nächsten, ähnlichen Situation kommt also der gleiche Vorwurf, dann allerdings folgt auch eine Erinnerung an ein abgegebenes und nicht eingehaltenes Versprechen.

Bedingungen stellen: »Wenn du mich liebst, wirst du das für mich tun!«

Die Liste der Forderungen kann sehr lang sein und reicht vom Abschaffen des Goldhamsters bis hin zum abgeschafften Hund oder dem verkauften Motorrad. Vielleicht solltest du auch nur seine Hemden bügeln oder die Freundinnen deiner Herzensdame nach Hause fahren. Wenn du auf etwas verzichten sollst, was dich glücklich macht, oder wenn du etwas tun sollst, was du nicht tun willst, um deine Liebe zu beweisen, ist das emotionale Erpressung. Wahre Liebe ist niemals mit Forderungen verknüpft. Wer dich wirklich liebt, wird niemals von dir verlangen, dass du etwas aufgibst, was dir viel bedeutet oder etwas tust, was du nicht tun willst.

Ein typisches Beispiel:
»Ich habe keine Lust auf Hundehaare, schaff den Hund ab«, verlangt Kurt von Sarah. Die beiden wollen jetzt zusammenziehen. Sarah liebt ihren Hund abgöttisch. Er lebt seit Jahren bei ihr und ist fester Bestandteil ihres Lebens. Nun soll sie sich von ihm trennen? Weil Kurt in der gemeinsamen Wohnung keine Hundehaare haben will?

Ein schwieriges Problem. Es gibt natürlich Menschen mit Allergien und von ihnen kann man einfach nicht verlangen, dass sie mit einem Tier zusammenleben, gegen dessen Haare sie allergisch reagieren. Allergien können sehr unangenehm sein, gesundheitliche Einschränkungen mit sich bringen und sogar lebensbedrohlich werden. Will ein Tierhalter mit einem nachgewiesenen Allergiker zusammenleben, muss natürlich eine Lösung gefunden werden. Allerdings sollte eine Allergie dann auch einwandfrei feststehen. Eine weitere Frage ist natürlich, ob die Allergie eines Partners ein Grund ist, sein geliebtes Haustier abzuschaffen. Vielleicht gibt es andere Lösungen für das Zusammensein? Wer sein Tier wirklich liebt weiß, dass es ein fühlendes Wesen ist. Es ist natürlich kein Kind, aber es ist eine sehr enge Beziehung zwischen Tier und Halter entstanden. Wer sein Tier dann einfach so abgeben kann, hat sich vielleicht all die Jahre vorher nur etwas vorgemacht und das Tierchen benutzt, um sich nicht so einsam zu fühlen. Und darüber sollte man sich in solchen Fällen klar sein.

Es könnte aber auch das Beispiel mit dem Motorrad sein. Wenn Sarah von Kurt verlangt, dass er sein Motorrad abschafft, weil sie weiß, dass sie niemals mitfahren wird und auch nicht mag, dass er selbst fährt, warum lässt sie sich dann auf eine Beziehung zu einem Motorradfahrer ein? Warum sollte Kurt seine Maschine, die ihm viel bedeutet, aufgeben? Anders herum: Warum ließ sich Kurt auf eine Hundehalterin ein, wenn er allergisch auf die Haare reagiert? Oder Hunde einfach nur nicht mag?

Mal abgesehen von Allergien gegen Tierhaare und Aversionen gegen Motorräder und allem, was damit im Zusammenhang steht: Meistens geht es bei solchen Forderungen um Bequemlichkeit und um die Unfähigkeit, sich auf etwas einzulassen, was dem anderen viel bedeutet. Und dann sind solche Forderungen mit extremer Vorsicht zu genießen. Jetzt soll Sarah ihren geliebten Hund abschaffen, nur weil er ein Problem mit den Hundehaaren in der gemeinsamen Wohnung hat. Sarah liebt ihren Hund abgöttisch und nun stellen wir die Frage mal umgekehrt: Liebt Kurt Sarah wirklich, wenn er ein solches Opfer von ihr verlangt? Für mich persönlich stünde an dieser Stelle fest, für wen ich mich entscheiden würde: Ganz klar für meinen Hund. Mein Hund liebt mich nämlich, ohne Bedingungen zu stellen. Deswegen hat er es nicht verdient, von mir »abgeschafft zu werden«, nur weil mein Partner ihn nicht mag.

Die Frage ist auch, wenn Sarah nun irrsinnigerweise dieser Forderung nachkommt, welche Opfer Kurt noch als Liebesbeweis verlangen wird. Das kann im Laufe einer Beziehung ziemlich viel werden. Klar gesagt, hier geht es um einen Hund, obwohl ich persönlich überhaupt kein Verständnis dafür habe, wenn ein Tier wegen einer Beziehung beiseite geschoben wird.

Aber solche Forderungen können auch noch viel massivere Grenzüberschreitungen bedeuten: Ich habe so eine Forderung schon bei einem Paar erlebt, in dem eine Frau ihren Freund dazu aufforderte, den Kontakt zu seinen leiblichen Kindern abzubrechen. Sie plante eine eigene Familie. Leider kam er ihrer Aufforderung nach und brach den Kontakt zu seinen Kindern ab. Wie das moralisch zu bewerten ist, sollte hier nicht Thema sein.

Damit es nicht ungerecht wird, erwähne ich noch mal Kurts Motorrad, denn wenn er nun ihrer Bitte nach Abschaffung und Hobbyaufgabe nachkommt, hat auch er verloren. Es bedeutet ihm viel und wenn er dieser Aufforderung nachkommt, wird er im Laufe dieser Beziehung noch viel mehr aufgeben müssen.

Wer seinen Partner liebt, verlangt von ihm keine Opfer und schon gar keine Opfer, in dem es um lebende, fühlende Wesen geht, die mit den Entscheidungen der Verantwortlichen klarkommen und darunter leiden müssen. Grundsätzlich aber hat es überhaupt nichts mit Liebe zu tun, wenn ein Opfer verlangt wird.

Wie du dich dagegen wehrst:
Stelle deutlich und in klaren Worten fest, dass es kein Liebesbeweis ist, etwas zu tun, was du nicht tun willst, etwas »abzuschaffen«, was du behalten möchtest oder grundsätzlich etwas zu tun, was dir gegen den Strich geht. Du kannst aber das Verhalten ruhig auch spiegeln: »Wenn du mich liebst, verlangst du nicht solche Opfer von mir.«

Wenn du so reagierst, muss dir allerdings klar sein, dass du mit den gleichen Mitteln zurückschlägst, und das solltest du nur ganz bewusst tun, um ein Verhalten zu spiegeln – nicht mehr und nicht weniger. Das kannst du eigentlich nur tun, wenn du bereit bist, noch eine Erklärung hinterher zu schieben. »Siehst du jetzt, wie sich das anfühlt? Es hat nichts mit meiner Liebe zu dir zu tun, wenn ich deinen Wünschen nicht nachkomme. So wie es wahrscheinlich nichts mit deiner Liebe für mich zu tun hat, wenn du solche Forderungen stellst. Ich wollte dir nur mal zeigen, wie man sich dann fühlt. Mach das also bitte nicht mehr!«

Und logischerweise solltest du das verlangte Opfer auf gar keinen Fall bringen!

Forderungen stellen: »Du musst … sonst bin ich nicht glücklich.«

Wenn jemand sein persönliches Glück in deine Hände legt, nimm am besten gleich Reißaus. Jeder Mensch ist selbst dafür verantwortlich, glücklich zu sein. Wenn der Mensch an deiner Seite unglücklich ist, kann das viele Gründe haben und natürlich möchte ein liebender Partner helfen. Wenn aber du die Schuld dafür in die Schuhe geschoben bekommst, weil du bist wie du bist, weil du eine Entscheidung getroffen hast, die für dich gut ist, für den anderen aber Verzicht bedeutet oder eine Neuordnung, dann ist das emotionale Erpressung. Nur glückliche Menschen können glückliche Beziehungen führen und niemand ist in der Lage, einen unglücklichen Partner glücklich zu machen, schon gar nicht durch Verzicht auf eigene Freiheiten und Bedürfnisse.

Du machst deinen Partner nicht glücklich, wenn du auf die regelmäßigen Unternehmungen mit deinen Freundinnen verzichtest. Du machst deine Partnerin nicht glücklich, wenn du mit ihr zusammenziehst, obwohl du dir lieber noch etwas Zeit damit lassen würdest. Du erfüllst nur Forderungen, gegen deinen eigenen Willen. Wenn du das einmal tust, wird es öfter von dir verlangt und am Ende bist du, der den anderen glücklich machen wollte, unglücklich. Der andere ist allerdings auch nicht glücklicher, denn er wird weitere Forderungen an dich haben, die du erfüllen musst, damit er glücklich ist. Unglückliche Menschen werden nicht glücklich, nur weil man ihnen ihren Willen erfüllt. Sie haben nur gesiegt.

Ein typisches Beispiel?
Da gibt es viele. Von der Forderung, nun endlich zusammen zu ziehen, bis hin zur auf diesem Weg erzwungenen Schwangerschaft oder Ehe. Wenn dein Partner dir sagt, dass du etwas tun musst, was du nicht tun willst, damit er oder sie glücklich ist, solltest du die Forderung grundsätzlich verweigern.

Das ist kein Egoismus! Du musst viele Dinge im Leben tun, damit du überleben kannst, damit du dir irgendwelche Sachen leisten kannst, und manchmal musst du auch Kompromisse machen, um deine sozialen Strukturen nicht zu gefährden. Aber du musst grundsätzlich nichts tun, was dir völlig gegen den Strich geht, nur damit dein Partner glücklich ist.

Das heißt natürlich nicht, dass man keine Kompromisse schließen sollte, denn die muss man immer eingehen. Ein Kompromiss ist aber etwas anderes als das Erfüllen einer Forderung unter dem Druck, so handeln zu müssen, damit ein anderer Mensch glücklich ist.

Wie du dich dagegen wehrst:
Erkläre diesem Menschen, dass es nichts gibt, was du tun kannst, um ihn glücklich zu machen. Ein Mensch kann nur sich selbst glücklich machen und man kann dann zusammen glücklich sein. Aber du hast es nicht in der Hand, wenn dein Partner unglücklich ist. Und natürlich: Tu nicht das, was von dir verlangt wurde – Erpressung darf für den Erpresser niemals funktionieren, sonst endet sie niemals.

Moralische Vorwürfe: »So was tut man einfach nicht!«

Emotionale Erpresser werden immer einen Weg finden, dir dein Handeln vorzuwerfen, im Sinne fehlender Liebe, fehlender Empathie oder fehlender Moral. Das kann ein lustiger Abend ohne Partner mit den eigenen Freunden oder Freundinnen sein, das kann das Glas Wein auf der letzten Party sein, das zu viel war. Wenn dein Partner dir fehlende Moral vorwirft, sollen Schuldgefühle erzeugt werden – und, mindestens genauso schlimm: Schamgefühle. Ziel ist, dass du dich schlecht fühlst, weil du etwas gesagt oder getan hast, das »man einfach nicht tut«.

Wie gut, dass du immer den Hüter der Moral an deiner Seite hast, nicht? Dein Partner hat das Schlimmste verhindert? Oder ist bereit, dich trotz deiner moralischen Verfehlungen zu lieben? Spürst du den Sarkasmus?

Ein Mensch verliebt sich in dich, weil du bist, wie du bist. Wenn du jetzt anders sein sollst, stimmt etwas nicht. Moralische Verfehlungen, vorgeworfen durch andere Menschen, ist immer ein Punkt, über den man ruhig öfter als nur einmal nachdenken sollte. Jeder Mensch hat seine eigenen Wert- und Moralvorstellungen. Du hast deine! Moralische Verfehlungen sollten also in erster Linie dir selbst auffallen, denn dann hast du gegen deine eigenen Prinzipien gehandelt. Das kann passieren. Aber du bist der einzige Mensch, der über deine eigene Moral richten darf, gerade weil Menschen unterschiedliche Vorstellungen dazu haben. Brauchst du wirklich jemanden, der dir sagt, was richtig oder falsch ist? Dass du dich blamiert oder nicht richtig verhalten hast? Sicher nicht – denn das kannst du ganz alleine erkennen, wenn es so ist. Ein liebender Partner nimmt dich in den Arm, wenn DU das Gefühl hast, dass du dich blamiert haben könntest, und liebt dich einfach weiter.

Ein Partner hingegen, der seine eigenen Interessen verfolgt, schwingt die Moralkeule, macht dir Vorwürfe, will dir ein schlechtes Gewissen einreden und Schamgefühle verursachen. Das schwächt nämlich das Selbstbewusstsein. Menschen mit einem schwachen Selbstbewusstsein sind emotional einfacher zu erpressen.

Ein typisches Beispiel:
Sabine und Freddie leben schon länger zusammen. Freddie hängt meist nur zu Hause rum, er hat wenig Lust, auszugehen. Sabine hingegen war schon immer ganz gerne mal mit ihren Freundinnen unterwegs. Also trifft sie sich alle zwei Wochen samstagabends mit ihren Freundinnen und kommt immer relativ spät nach Hause. Manchmal ist sie sogar angetrunken, aber nur an Abenden, an denen sie nicht selbst fahren muss. Freddie beklagt sich nicht, weil er an diesen Abenden alleine zu Hause ist, sondern weil sie immer so spät kommt und manchmal eben sogar angetrunken ist. »So was tut man einfach nicht, wenn man in einer festen Beziehung ist!«, wirft er ihr vor.

Stimmt das? Nun, ob Alkohol zu einem lustigen Abend dazu gehört oder nicht, muss jeder für sich selbst entscheiden. Auch Sabine. Ob ein lustiger Abend um eine bestimmte Uhrzeit enden muss, ist wahrscheinlich eine Frage, die sich niemand stellt, solange er sich in einer lustigen Runde befindet. Hat Sabine nicht das Recht, einen lustigen Abend mit ihren Freundinnen zu genießen? Doch, hat sie. Und weil sie deutlich über 18 ist, darf sie auch Alkohol zu sich nehmen, wenn sie das möchte und nicht mehr Auto fahren muss. Nur weil Freddie nie ausgeht, heißt das noch lange nicht, dass Sabine auch zu Hause bleiben muss. Ein lustiger Abend mit wem auch immer ist dann zu Ende, wenn er von den Beteiligten als »beendet« empfunden wird, sprich: Wenn keiner mehr Lust hat, zu feiern, wenn alle oder zumindest die meisten nach Hause wollen, vielleicht müde sind.

Ein lustiger Abend, den man gerne genießen möchte, sollte auf keinen Fall um eine bestimmte Uhrzeit beendet werden oder ausfallen müssen, nur damit der Partner zufrieden ist. Ich beziehe mich jetzt noch mal auf mein hier genanntes Beispiel: Wenn Freddie es schafft, Sabine mit seiner Moralkeule wirklich zu verletzen, und ihr Scham- oder Schuldgefühle einzureden, wird Sabine das nächste Mal vielleicht lieber zu Hause bleiben, als feiern zu gehen. Damit hätte Freddie ja sein Ziel erreicht. Aber wäre Sabine damit glücklich? Sie würde sicher die lustigen Abende mit ihren Freundinnen vermissen. Dauerhaft kann sie das ja nur unzufrieden machen.

Wie du dich dagegen wehrst:
Falls du wirklich Mist gebaut hast, und ob das so ist, entscheidest immer noch du alleine, kannst du dich ruhig entschuldigen – sofern es deinen Partner verletzt hat. Anderenfalls geht es ihn oder sie nämlich nichts an. Wenn du dich entschuldigen solltest, muss die Sache damit erledigt sein. Weitere Vorwürfe sollten nicht mehr kommen dürfen, und zwar nie wieder.

Solltest du allerdings im Sinne deiner eigenen Moralvorstellungen keinen Fehler gemacht haben, dann lass dir auch keinen einreden. Es genügt, wenn du sagst: »Es gibt nichts, wofür ich mich schämen müsste.« Lass dich auf keine Diskussion ein – es besteht die große Gefahr, dass zu viel geredet wird und du, ohne es zu wollen, beginnst dich zu rechtfertigen. Rechtfertigung wird immer als Schuldeingeständnis gesehen.

Wenn Sabine nun also immer wieder beteuert, dass sie ja überhaupt nichts Schlimmes macht, wird sie das nicht weiterbringen. Freddie wird so lange die Moralkeule schwingen, wie Sabine sich rechtfertigt. Es muss im genannten Beispiel genügen, wenn sie ein einziges Mal sagt: »Es ist mein Recht auszugehen und Spaß zu haben. Ich bin erwachsen und entscheide selbst, ob ich etwas trinken möchte. Es geht dich nichts an.«

Das klingt möglicherweise kühl, nach mangelnder Kompromissbereitschaft und egoistisch. Doch ist es das wirklich? Diese Frage kann jeder nur für sich selbst beantworten. Ich behaupte, dass Sabine das Recht hat, sich auch einmal mit ihren Freundinnen und außerhalb der gemeinsamen Wohnung zu vergnügen und sie nimmt ihm ja nichts weg. Er kann sich an solchen Abenden mit eigenen Dingen beschäftigen, er könnte auch selbst ausgehen. Wenn er dazu keine Lust hat, ist das sein Problem, nicht ihres.

Stiller Vorwurf mit Leidensmine: »Schau mich an, ich armes Opfer!«

Emotionale Erpresser nehmen sehr gerne die Opferrolle ein. Sie zeigen sich tränenüberströmt, mit leidendem Gesichtsausdruck, und meistens beides gleichzeitig. Sie ertränken ihren Kummer mit Alkohol und du darfst live dabei sein. Du darfst nicht nur, sondern du sollst miterleben, was du verursacht hast. Du bekommst unter Umständen sogar von deinem Partner gesagt, dass jetzt nur noch Alkohol helfen kann, denn ohne ist die Situation nicht auszuhalten. Emotionale Erpresser schlafen schlecht oder gar nicht, wenn sie wegen dir Kummer haben. Das reiben sie dir unter die Nase, denn du sollst dich so richtig mies fühlen. Schließlich ist es deine Schuld. Sie leiden unter Albträumen und die bekommst du brühwarm erzählt, damit dir klar wird, was du mit deiner Zickerei verursachst. Sie weinen stille Krokodilstränen oder lassen sich in hysterischen Weinkrämpfen aus, und das alles nur wegen dir. Du alleine könntest es ändern! Du alleine könntest diesen armen, leidenden, unglücklichen Menschen wieder lächeln lassen, ihn wieder glücklich machen, aber das tust du nicht, weil du so bist, wie du bist. Dieser leidende Mensch ist dein Opfer. Du bist schuld an diesem Leid.

Natürlich gibt es unschöne Situationen in Beziehungen. Da müssen Paare einfach durch, so hart es klingt. Wenn einer von beiden beispielsweise die Beziehung beenden will, muss der andere ebenfalls da durch. Sich zu trennen, ist niemals einfach, auch nicht für denjenigen, der gehen möchte. Ihn dann aber durch das Erzeugen von Mitleid, einem schlechten Gewissen und der direkten Vorführung des eigenen Kummers zum Bleiben bewegen zu wollen, ist nicht nur schwach, sondern auch wenig klug. Der Partner, der gehen will, wird es deswegen nicht weniger wollen. Und selbst wenn er sich für eine gewisse Zeit und aus Mitleid heraus zum Bleiben bewegen lässt – der Trennungsgedanke, ist er einmal da, wird bleiben. Eines Tages wird die Trennung trotzdem stattfinden, unzählige Alkoholexzesse, Albträume und Leidensminen später.

Menschen, die uns auf diese Art und Weise mit ihrem Leiden konfrontieren, wollen uns überzeugen, gegen unseren Willen zu handeln und in ihrem Sinne zu entscheiden. Nun muss man sich aber an dieser Stelle fragen, ob solche Menschen nicht über das nachdenken, was sie dann im Nachhinein haben? Wem nützt es denn etwas, wenn ich meinen Partner durch die Konfrontation mit meinem Leiden zum Bleiben überrede? Möchte ich einen Partner haben, der nur aus Mitleid heraus bei mir bleibt? Oder aus Schwäche, weil er mit meinem offenkundig zur Schau gestellten Leid nicht zurechtkommt? Eigentlich will ich doch geliebt werden! Oder will ich ihn vielleicht einfach nur »haben«?

Wenn es deinem Partner egal ist, dass du nur aus Mitleid bleibst, geht es natürlich nicht um Liebe. Man könnte noch mit der Hoffnung argumentieren, die einem leidenden Partner vielleicht die falsche Vorstellung einflüstert, es könnte sich alles wieder zum Guten wenden, schafft man es jetzt erst einmal, den Partner davon zu überzeugen, nicht zu gehen. Am Ende ist aber auch das nicht realistisch und ein erwachsener, reifer Mensch weiß das auch. Wenn etwas kaputt ist, ist es kaputt. Man kann manche Beziehungen wieder reparieren, aber nur wenn es wirklich beide wollen. Wenn einer von beiden nur noch weg will, ist es zu spät und alle Hoffnung ist umsonst.

Solche Methoden werden meist eingesetzt, wenn einer von beiden sich trennen möchte. Derjenige der sich trennen möchte, wird vom vermeintlichen Opfer zu einem Täter erklärt, der eigentliche Täter spielt sich als Opfer auf.

Niemand gibt leichtfertig und aus einer Laune heraus eine Partnerschaft auf, schon gar nicht wenn man länger zusammen war oder sogar zusammen lebt. Das Aufgeben einer Beziehung bedeutet nämlich immer und für beide Seiten Konsequenzen: Einer von beiden, manchmal sogar beide, müssen sich eine neue Bleibe suchen. Der Hausrat muss aufgeteilt werden, der

Freundeskreis splittet sich, Familienzugehörigkeiten werden aufgelöst. Das ist niemals leicht. Aus diesem Grund sollte jeder, der zum Einnehmen der Opferrolle neigt, sich bewusst machen: Der Partner hat eine Entscheidung getroffen und hat mit Sicherheit seine Gründe dafür und die Konsequenzen bedacht.

Viele Menschen schieben eine solche Entscheidung lange vor sich her und treffen sie erst, wenn sie längst überfällig geworden ist. Warum? Weil sie genau vor diesen Dingen Angst haben. Sie haben Angst vor theatralischem Verhalten, sie haben Angst vor wochenlangen hysterischen Weinkrämpfen und vor offen zur Schau getragener Verzweiflung. Sie haben Angst, weil sie empathisch sind und weil ihnen dieser Mensch, den sie nun verlassen wollen, einmal sehr viel bedeutet hat. Aber nicht nur das: Die Schuldkeule hat bereits gefruchtet. Wer Angst hat, sich zu trennen, hat sehr oft Schuldgefühle dem Partner gegenüber, fragt sich schon seit langer Zeit, ob man dem anderen das zumuten kann, hat seine eigenen Bedürfnisse über einen langen Zeitraum zurück genommen. Solches Verhalten raubt einem auch sämtliche Energie, und wenn man sich kraftlos und ausgelaugt fühlt – was bei Opfern emotionaler Erpressung häufig der Fall ist – muss man es sich schon gut überlegen, ob man stark genug ist, sich einem solchen Drama zu stellen.

Eine Trennung, die nur einer von beiden möchte, wird niemals ohne Tränen, blasse Gesichter und durchweinte Nächte vollzogen werden können. Ein Partner, der verlassen wird und keinerlei Gefühlsregung zeigt, hat uns nicht geliebt und hängt nicht am gemeinsamen Leben. Jeder, der sich trennen möchte, muss von daher mit Tränen, Diskussionen und schlaflosen Nächten rechnen. Aber irgendwann ist alles geklärt. Irgendwann ist alles ausdiskutiert. Dann muss Schluss sein. Wenn man zusammen lebt, kann man oft nicht von heute auf morgen einfach gehen. Aber wenn alles ausdiskutiert ist, muss jeder der beiden Partner versuchen, fair zu bleiben und nicht Täter oder Opfer emotionaler Erpressung zu werden. Eine solche Klärungsphase dauert maximal ein paar Tage, aber dann sollte alles besprochen sein. Solche Phasen kosten beide Seiten irrsinnig Energie und ein Festhalten an der Beziehung, die der Partner nicht mehr führen will, bringt auch niemandem was.

Ich wurde schon verlassen. Und ich habe schon verlassen. Daher kenne ich beide Sichtweisen. Darüber hinaus habe ich natürlich im Freundeskreis ebenfalls Trennungen miterlebt. Und nein, es ist für keinen von beiden leicht. Aber: Wenn ich einen Menschen verlassen möchte, habe ich meine Gründe dafür. Mein Partner hat das Recht, diese Gründe zu erfahren. Mein Partner wird zwangsläufig unglücklich sein, vielleicht sogar weinen. Das muss ich aushalten. Aber nicht wochenlang, nicht monatelang und ich muss mich nicht in immer wiederkehrende Diskussionen verstricken lassen. Irgendwann ist alles gesagt, irgendwann ist alles ausdiskutiert, dann geht es nur noch um die Organisation.

Aus der Sicht einer verlassenen Partnerin würde ich sagen: Natürlich darf ich entsetzt sein, dass mein Partner mich verlassen möchte. Natürlich darf ich weinen und traurig sein. Natürlich darf ich Angst vor der Zukunft haben, und natürlich brauche ich erst einmal Zeit, um mich neu zu orientieren. Aber: Mein Partner hat ein Recht auf seine Entscheidung und ich muss diese Entscheidung respektieren. Ich habe nichts davon, wenn er bei mir bleibt, nur weil ich immer wieder laut weine und schreie, ihn mit meinem Leid über Wochen hinweg immer wieder konfrontiere. Ich muss als Mensch, der verlassen wird, an irgendeinem Punkt auch an mich denken und daran, wie ich auf den anderen wirke. Ich muss mir darüber bewusst sein, dass mich wochenlanges und offenkundig zur Schau getragenes Leid nicht gerade gut dastehen lassen bei meinem Verflossenen. Alles, was ich dann bekomme, ist Mitleid – mehr nicht! An dieser Stelle wird gerne von Stolz gesprochen. Ich halte das für den falschen Begriff. Versuchen wir es mit Wertschätzung für sich selbst. Ich muss mir selbst etwas wert sein. Kann ich das, wenn ich das Opfer spiele? Wie könnte ich vermuten, dass der andere mich auch nur ansatzweise attraktiv und interessant finden könnte, wenn ich wochenlang weine und offensichtliches Opfer bin?

Ein beliebtes Mittel eines »Opfers« ist es übrigens, in solchen Lebenslagen alles zu tun, woran es in der Beziehung mangelte. Dinge, mit denen das »Opfer« glaubt, nun doch überzeugen zu können. Unter solchen Umständen kann es also durchaus passieren, dass aus einer eigentlich schlampigen Frau nun eine ordnungsliebende Putze wird, aus einem schlampigen Mann ein gepflegter Kerl, der sich mit Hingabe dem Haushalt widmet, den er monatelang oder jahrelang übersehen hat. Vielleicht will dein eigentlicher Partner nun plötzlich mit dir ausgehen, obwohl er das sonst nie wollte, vielleicht überhäuft er dich mit Geschenken, bringt Blumen mit, besorgt dir Geschenke … das gehört zu dieser Masche dazu, und es ist nicht echt! Es ist eine Botschaft: »Schau mal, ich mache doch alles, was du willst, also jetzt sei wieder gut mit mir!« Da hätten wir also nicht nur das offen zur Schau gestellte Leid, die Tränen, die Appetit- und Schlaflosigkeit, sondern auch noch den Beweis dafür, dass der Mensch, den du gerade verlassen willst, doch jetzt endlich kapiert hat, was dir bisher in der Beziehung fehlte. Das Gesamtpaket soll dafür sorgen, dass du dich hundsmiserabel fühlst, ein schlechtes Gewissen bekommst und die Trennung nicht übers Herz bringst.

Der Partner, der als »Täter« dargestellt wird, sollte wissen, dass Menschen sich in ihren grundlegenden Eigenschaften nicht verändern. Auch wenn sie jetzt alles tun, was sie sonst nie getan haben, auch wenn sie jetzt Dinge nicht mehr tun, die dich gestört haben: Das Verhalten ist nicht echt, es ist aufgesetzt. Wenn du dich jetzt wieder auf diesen Menschen einlässt, wird er nach und nach wieder in sein altes Verhalten zurückfallen. Das passiert meistens innerhalb weniger Tage.

Wie du dich dagegen wehrst:
Die Mitleidsmaske ist eine üble Methode. Du kannst ihr nur aus dem Weg gehen, wenn du der ganzen Person aus dem

Weg gehst. Das ist nicht immer möglich. Wenn du diesem Menschen nicht aus dem Weg gehen kannst, hilft eigentlich nur eines: Ignorieren. Nicht den gesamten Menschen, aber das mitleidheischende Verhalten.

- Unterbrich das Gespräch, wenn die Person in hysterisches Weinen ausbricht und zieh dich zurück.
- Unterbrich das Gespräch, wenn sie dir von Albträumen oder schlaflosen Nächten erzählt.
- Versuche zu übersehen, wenn die Person kreideweiß wirkt, übernächtigt, oder irgendwo sitzt und weint.
- Verlasse das Haus oder die Wohnung, wenn es ganz schlimm ist, und wenn du nur in die Kneipe an der nächsten Ecke gehst und einen Kaffee trinkst.
- Wenn es möglich ist, übernachte bei Freunden, wenn zu Hause die Mitleidsnummer durchgezogen wird, und erkläre auch nicht, wohin du gehst.

Das klingt brutal und ist es auch, aber das macht nichts. Lieber ein Ende mit Schrecken als ein Schrecken ohne Ende. Bedenke bitte Folgendes: Du kannst diesen Menschen nur trösten und beruhigen, wenn du auf seine Forderungen eingehst. Willst du das? Nein? Dann bleib bei deiner Meinung und versuche vor allem, hart zu bleiben. Ein einziges Mal solltest du der Person erklären, dass du weißt, dass sie Mitleid bei dir erzeugen möchte und du darauf nicht eingehen wirst. Bitte kein zweites oder drittes Mal darüber diskutieren! Diskussionen, wenn Tatsachen bereits feststehen und ausreichend besprochen wurden, haben nur einen einzigen Zweck: Sie sollen dich mürbe machen.

Wenn du kannst, verlass das Spielfeld, und zwar so schnell wie möglich. Das ist anstrengend, aber es hört irgendwann auf. Wenn die Mitleidstour nichts bringt, lässt dein Gegenüber das irgendwann sein. Geh spazieren, sobald das Theater losgeht. Besuche Freunde, setz dich in ein Café oder falls du ein eigenes Zimmer hast, zieh dich dorthin zurück, wenn du da in Ruhe gelassen wirst.

Aufrechnung von Gefälligkeiten: »Und das, obwohl ich so viel für dich getan habe!«

Dass man innerhalb einer Beziehung viel füreinander tut, sollte außer Frage stehen. Miteinander leben heißt, die Anforderungen des Lebens gemeinsam zu bewältigen, die Arbeit gemeinsam zu machen und sich gegenseitig zu unterstützen. Ein emotionaler Erpresser aber führt in seinem Kopf ein Tagebuch und notiert darin jede Gefälligkeit, die er dir erwiesen hat. Er hat dir hier oder da aus der Klemme geholfen, hat dich in dieser oder jener Angelegenheit unterstützt, hat diese oder jene Eigenschaft an dir akzeptiert (obwohl es ihm/ihr schwer gefallen ist), hat auf dies oder das dir zuliebe verzichtet. Emotionale Erpresser suchen übrigens gezielt Situationen, in denen sie helfen und unterstützen können. Sie merken sich auch jede Situation mit dir, durch die sie sich belastet fühlten oder in der sie auf etwas verzichtet haben – dir zuliebe. Sie hören sich also deinen Kummer an, sie putzen deine Wohnung, weil du beruflich so eingespannt bist oder sie tippen deine Briefe, damit du keinen Dienstleister beauftragen musst. Sie holen dein Kind vom Kindergarten ab, weil es für dich immer zeitlich so knapp wird, oder sie gehen mit dem Hund Gassi, weil du arbeiten musst oder krank bist. Das tun sie alles freiwillig und mit großer Freude. Aber nur so lange du funktionierst.

Das Notizbuch im Kopf wächst täglich, und irgendwann ist der Tag der Abrechnung gekommen. Sobald du dich wehrst, dich befreien willst, oder einfach mal etwas tun willst, was dem anderen gegen den Strich geht, wird aufgerechnet. Du bekommst alles vorgehalten, was der emotionale Erpresser jemals für dich getan hat. Dabei geht das Grundprinzip des Gebens verloren: Man sollte gerne geben – oder es lieber lassen.

Wer so argumentiert, hat niemals gerne etwas für dich getan und schon gar nicht aus Liebe. Im Gegenteil: Es wurde gegeben, verzichtet, akzeptiert, toleriert, um sich unentbehrlich zu machen – und um es dir bei Gelegenheit vorzuwerfen.

Das heißt im Klartext, dieser Mensch hat niemals etwas für dich getan, sondern nur für sich selbst. Irgendwann kommt der Tag der Abrechnung, an dem er dir jede Kleinigkeit vorwerfen kann.

Wenn dir diese Form der emotionalen Erpressung begegnet, wirst du als Täter dargestellt. Du wirst Schlagworte hören wie »Egoismus« und »ausgenutzt«. Ja, dein Partner wird dir vorwerfen, dass du immer nur an dich selbst gedacht hast und ihn ausgenutzt hast, über Tage, Wochen, Monate, vielleicht sogar Jahre oder Jahrzehnte.

Keine Frage, es gibt Menschen, die ihre Partner aussaugen und ausnutzen. Menschen, die an einer narzisstischen Persönlichkeitsstörung leiden, sind dafür bekannt. Allerdings nutzen sie jeden in ihrem Umfeld nur über einen gewissen Zeitraum aus, dafür aber so gerissen, dass es meist ernste Folgen für die Opfer hat. Ich möchte also nicht von der Hand weisen, dass manche Menschen nur an sich selbst denken und andere eiskalt ausnutzen. Der Unterschied ist aber: Bei so jemandem bleibt niemand wirklich lange freiwillig. Ein weiteres Merkmal ist, dass kein normaler Mensch so jemanden volljammern würde, wenn dieser sich trennen will. Im Gegenteil – man ist grundsätzlich erleichtert, wenn man solche Menschen wieder aus seinem Leben streichen kann.

Wenn du also immer das Gefühl hattest, dass dein Partner gerne tut, was er für dich tut, dass er sich geradezu darum reißt, wenn er nie »nein« sagte, musst du den Fehler nicht bei dir suchen. Erst recht nicht, wenn solche Vorwürfe in einer Konfliktsituation auftauchen und vielleicht sogar weil du ihn verlassen möchtest. Dein Partner hat Buch geführt und das peinlich genau, das ist alles. Dabei hat er allerdings vergessen, was du alles für ihn getan hast und du hast es möglicherweise auch vergessen? Wenn ja, warum? Weil du es vielleicht gerne getan hast, egal was. Immer wieder. Und weil du es dir deswegen nicht gemerkt hast. Weil es auch normal ist, dass man in einer Beziehung Dinge füreinander tut. Menschen, die gerne geben und die wirklich gerne und aus Liebe etwas für den Partner tun, merken sich nicht, was sie gegeben und getan haben. Sie geben einfach, sie tun einfach, weil es zum Miteinander gehört. Das ist der Unterschied.

Bekommst du in einer Konfliktsituation oder gar bei einer Trennung Vorwürfe dieser Art, handelt es sich um reine emotionale Erpressung. Du sollst jetzt ein schlechtes Gewissen bekommen, weil der andere alles für dich getan hat und es war ja auch so unglaublich viel. Du sollst dich richtig schlecht fühlen, weil du jetzt trotzdem die Scheidung willst oder ihm eine deutliche Grenze aufgezeigt hast. Du sollst Schuldgefühle haben, drüber nachdenken, was du diesem Menschen alles schuldest – und zurückrudern.

Und so könnte man das tatsächlich nennen: Jemand, der dir solche Vorwürfe macht, hat nichts anderes getan als Schulden zu sammeln. Deine Schulden bei ihm.

Wie du dich dagegen wehrst:
Es ist schwierig, sich gegen etwas zur Wehr zu setzen, was in der Vergangenheit schon passiert ist. Du kannst aber ruhig und bestimmt erklären, dass du jetzt weißt, dass die Person niemals gerne etwas für dich getan hat und dass du künftig verhindern wirst, dass sie noch einmal etwas für dich tut. Wenn sie zum aktuellen Zeitpunkt in irgendetwas eingespannt ist, was für dich wichtig ist: Entziehe ihr sofort die Verantwortung dafür.

Das ist manchmal schwierig. Wenn sie abends immer mit deinem Hund Gassi geht, weil du selbst zu lange arbeitest, fühlst du dich vielleicht unter Druck gesetzt. Aber du solltest dringend eine andere Lösung finden, so schnell wie möglich. Du solltest dieser Person sofort oder zumindest so schnell wie möglich jede Möglichkeit nehmen, etwas für dich zu tun! Erkläre diesem Menschen nicht viel dazu, sag einfach nur: »Gut, ab sofort musst du gar nichts mehr für mich tun, dafür werde ich sorgen.«

Du musst einkalkulieren, dass die Person nun ihr Verhalten umstellt, denn sie will ja wichtig bleiben für dich. Vielleicht tut sie ein bisschen beleidigt und macht dir im Anschluss klar, dass sie ja doch gerne weiterhin mit dem Hund Gassi ginge, weil sie ihn ja auch mag. An diesem Punkt angelangt, liegt die große Gefahr in der eigenen Bequemlichkeit. Wenn es nämlich mit viel Aufwand verbunden ist, die Dinge anders zu lösen, fällt man gerne drauf rein und nimmt das nette Angebot dann eben doch wieder an. Man ist dann auch wieder nett zueinander und redet sich ein, man hätte den Konflikt ganz prima gelöst – Pustekuchen. Gar nichts ist gelöst. Es folgt nur ein neuer Eintrag ins Notizbuch und auch dieser wird dann irgendwann wieder gegen dich verwendet.

Nimm dieser Person die Möglichkeit, dich zu unterstützen, auch wenn es für dich unbequem wird – denn der nächste Vorwurf kommt bestimmt. Und geh um Himmels Willen nicht auf die Forderungen ein, die dir gestellt wurden, egal um was es ging. Wenn du das tust, hat die Erpressungsmethode funktioniert und das darf nicht passieren. Mach dir bewusst: Kein Mensch kommt ganz ohne Hilfe und Unterstützung aus. Emotionale Erpresser finden sehr schnell heraus, worin sie dich unterstützen können, nicht weil sie dich lieben, sondern um dich von sich und ihrer Unterstützung abhängig zu machen. Sie wollen sich für dich unentbehrlich machen. Du alleine hast die Dinge in der Hand und kannst dich wieder befreien. Für alles gibt es Lösungen.

Lucia und Thomas

Thomas hat es nicht leicht gehabt, bevor er Lucia traf. Er hat sehr jung geheiratet, weil ein Kind kam und er seine Freundin nicht im Stich lassen wollte. Aber die Beziehung ging nach ein paar Jahren in die Brüche. Thomas ist ein ganzer Mann und zieht aus. Die Frau und das Kind sollen die Wohnung behalten. Er kommt bei einem guten Freund unter, aber das ist vorübergehend, wie er gleich klar gemacht bekommt. Dieser Freund lebt momentan alleine, will aber in sechs Monaten umziehen, die Wohnung wird also gekündigt werden. Trotzdem ist Thomas natürlich dankbar für diese Möglichkeit und mit seinem Kumpel gibt es auch keinen Stress.

Dazu kommt es erst, als er Lucia kennenlernt, aber das wird ihm erst hinterher klar. Kurz bevor die Wohnung geräumt werden muss, begegnen die beiden sich abends in einer Kneipe. Nach einem lustigen Abend tauschen sie Telefonnummern aus, sehen sich wieder. Tagsüber geht Thomas seiner Arbeit nach und sucht natürlich nach Wohnungen. Das Geld ist knapp, er muss Unterhalt zahlen für das Kind – und natürlich auch bei seinem Kumpel ein bisschen was zur Miete beitragen. Essen und trinken muss er auch, das Auto braucht er, um überhaupt zur Arbeit zu kommen. Er findet eine Wohnung, aber damit er die überhaupt beziehen kann, bleibt ihm nichts anderes übrig, als sein Konto gnadenlos zu überziehen: Die Kaution ist fällig und in der Wohnung steht eine Küche, eher bescheiden, aber immerhin – doch die alten Mieter hätten dafür gerne einen Abstand. Ihm bleibt nichts anderes übrig, denn für eine neue Küche hat Thomas erst mal überhaupt kein Geld.

Er zieht also da ein, mit zwei Koffern, ein paar Kisten und einem alten Bett, das ihm sein Kumpel schenkt. Einen Kleiderschrank hat er nicht, das stört ihn aber nicht weiter. Auf dem Sperrmüll findet er einen Kleiderständer, da hängt er wenigstens seine Hemden auf. Waschen kann er im Waschsalon, denkt er sich. Alles kein Problem. Er ist guten Mutes für seinen Neuanfang. Endlich erfüllt er sich seinen Traum und schafft sich zwei Katzen an. Seine Frau mochte Katzen nicht, jetzt ist die Gelegenheit für so etwas.

Lucia übernachtet schon wenige Tage später zum ersten Mal bei ihm und stellt am nächsten Morgen fest, dass Thomas nicht mal eine Kaffeemaschine hat. Frustriert flitzt sie nach unten, zwei Straßen weiter ist ein Kiosk, an dem man Kaffee zum Mitnehmen holen kann. Thomas macht das jeden Morgen und hat darüber gar nicht nachgedacht. Das Erste, was Lucia ihm bei einem ihrer nächsten Besuche mitbringt, ist eine Kaffeemaschine. Thomas freut sich riesig. Wenige Wochen später schleppt sie ihm einen Kleiderschrank an. Eine Freundin hatte den zu verschenken und Thomas braucht doch einen Schrank. Prima, das nächste Problem gelöst. Ein Kollege vermacht Thomas seinen alten Fernseher, aber wo kann er den draufstellen? Lucia hat da aber noch was im Keller stehen, das passt auch ganz zufällig prima ins Wohnzimmer. Nun sitzen sie abends auf den Küchenstühlen vor dem Fernseher, wenn ein guter Film läuft. Unbequem, findet Lucia. Thomas findet das aber lustig. »Kommt Zeit, kommt Couch«, sagt er.

Wie praktisch, dass schon wenige Tage später eine Couch zum verschenken bei Ebay Kleinanzeigen im Internet steht. Lucia organisiert die Abholung und überrascht ihn damit. Thomas ist ganz aus dem Häuschen, denn die Couch ist auch noch super gepflegt und sieht aus wie neu. Jetzt fehlt nur noch ein Tisch. Den schenkt ihm Lucia zur Feier des Tages. Bei Thomas ist ja wirklich nichts übrig, er kommt gerade so über die Runden und hat es bisher nicht geschafft, seinen Dispo etwas kleiner werden zu lassen.

Ein halbes Jahr später hat er die Chance auf eine Weiterbildung. Eine Woche England, finanziert von seiner Firma. Wenn er den Abschlusstest in Englisch besteht, bekommt er einen besseren Job im Unternehmen, Englisch ist dafür Voraussetzung. Alles kein Thema, aber die Katzen? Wer versorgt die in dieser Woche? »Kein Problem«, sagt Lucia. Sie macht das schon. Sie wohnt dann auch gleich bei ihm in dieser Woche, damit die Tierchen abends nicht alleine sind. Alles geht gut, Thomas besteht seinen Abschlusstest, bekommt einen besseren Job, alles in bester Ordnung. Ein halbes Jahr später fängt Lucia an zu quängeln. So gerne würde sie mit ihm zusammen leben. So gerne!

Aber Thomas will das noch nicht. Sie sind noch nicht mal ein Jahr zusammen. Da ist noch seine kleine Tochter aus seiner Ehe, die noch nicht mal geschieden ist. Seine kleine Tochter, von der Lucia völlig aus dem Häuschen ist. Wenn ein Papa-Wochenende ansteht, hat Lucia immer tolle Ideen, was man zu dritt unternehmen könnte und sie ist wirklich bemüht, zu dem kleinen Mädchen ein herzliches Verhältnis aufzubauen. Aber trotzdem – Thomas ist das alles zu früh. »Nein«, sagt er. »Bitte gib mir noch ein bisschen Zeit.«

Lucia schmollt. Sie ist tieftraurig und das zeigt sie ihm auch. »Ich dachte, das sei was Besonderes mit uns«, sagt sie eines Abends. »Aber das ist es doch auch«, antwortet Thomas arglos. »Ich würde gerne mit dir leben, aber du willst das nicht. Da muss ich mich doch fragen, ob du nicht einfach drauf wartest, dass noch was Besseres um die Ecke kommt.«

Thomas ist geschockt, denn natürlich wartet er nicht auf was Besseres. Er will nur nichts überstürzen. »Ich verstehe dich nicht«, weint sie. »Ich liebe dich doch und wenn du nicht auf was Besseres wartest, gibt es doch überhaupt keinen Grund, nicht zusammen zu ziehen.« Thomas winkt ab, erklärt ihr, dass er einfach nichts überstürzen will. Erinnert sie daran, dass sie sich ja erst ein paar Monate kennen. Lucia beruhigt sich wieder, aber sie lässt ihn spüren, dass sie enttäuscht ist. Neuer Job, neues Glück, für Thomas steht ein paar Wochen später eine Geschäftsreise an. Zwei Wochen wird er insgesamt weg sein, beim Partnerunternehmen in Asien. »Keine Sorge!«, sagt Lucia. »Ich kümmere mich um die Katzen.« Thomas fliegt beruhigt nach Asien, kümmert sich um seinen Job.

Und als er zwei Wochen später nach Hause kommt, holt sie ihn vom Flughafen ab. Sie verrät ihm strahlend, dass sie eine Überraschung für ihn hat. Als er nach Hause kommt, sieht er zunächst einen schön gedeckten Tisch. Auch ist die Wohnung sehr hübsch dekoriert. Lucia zündet Kerzen an, bittet ihn zum Essen an den Tisch. Dann sieht er, dass die Küche um eine Waschmaschine ergänzt wurde. »Du hast eine Waschmaschine gekauft?«, fragt er erstaunt. Sie schüttelt den Kopf. »Nein, das ist meine.« Nach einem Räuspern erklärt sie ihm, dass es auf Dauer ganz schön teuer ist, in zwei Wohnungen zu leben. Sie ist während seiner Abwesenheit eingezogen. »Du brauchst eine Frau, die sich um dich kümmert«, sagt sie.

Thomas steht der Mund offen. Er weiß überhaupt nicht, was er davon halten soll und der Appetit ist ihm vergangen. Lucia argumentiert erst mal mit den Finanzen. Jetzt sei nur noch eine Miete zahlbar und die könnten sie sich teilen, erklärt sie ihm. Auch das Haushaltsgeld würden sie sich teilen. Mit ihrem Hausrat hat sie das ergänzt, was in seiner Wohnung noch fehlte. »Manche Menschen muss man zu ihrem Glück zwingen«, lacht sie.

Thomas wehrt sich dagegen. Er macht sie darauf aufmerksam, dass er so schnell nicht zusammenziehen wollte und sie darüber schon gesprochen hatten. »Du ziehst wieder aus«, sagt er. Stinksauer, weil sie sich über seinen Willen einfach hinweggesetzt hat. Lucia heult. »Ich habe aber meine Wohnung schon gekündigt und in den letzten Tagen war ich nur mit dem Umzug beschäftigt«, weint sie. »Ich hatte mir das alles so schön vorgestellt und habe dich nicht mal mit einem Umzug belästigt. Du kommst nach Hause und alles ist schon erledigt, statt dich drüber zu freuen, machst du hier Theater.«

Thomas ärgert sich. »Wir hatten darüber gesprochen!«, erklärt er ihr aufs Neue.

Und jetzt ist Lucia beleidigt. »Wenn du mich lieben würdest, hättest du dich jetzt gefreut. Aber offenbar liebst du mich nicht.«

»Es hat nichts damit zu tun, dass ich dich nicht liebe!«, wehrt er sich.

»Doch, natürlich«, wettert sie. »Ich habe mir solche Mühe gegeben, es dir hier schön zu machen, ich habe dekoriert, ich habe deine ganze Wäsche gewaschen und gebügelt auch schon, ich habe gekocht, dich vom Flughaften abgeholt und ich tu alles, damit du dich wohl fühlst. Ich hüte deine Katzen, wenn du beruflich unterwegs bist, dafür bin ich wohl gut genug.« Sie erinnert ihn an fehlende Möbelstücke, die SIE ihm organisiert hat und letztlich sogar an die Kaffeemaschine.

Und Thomas gibt sich geschlagen. Ein voller Erfolg für Lucia. Im Laufe ihrer Beziehung, die übrigens noch gute drei Jahre andauerte, tat sie wirklich alles Mögliche für ihn, damit er sich wohl fühlte. Sie war immer lange vor ihm zu Hause und der Haushalt war erledigt, wenn er heimkam. Sie kochte – er konnte nicht kochen und hatte eigentlich auch keine Lust dazu. Normalerweise aß er mittags in der Kantine, aber das sparte er sich jetzt, weil er nicht zweimal am Tag warm essen wollte. Lucia kümmerte sich um die Wäsche, sie versorgte die Katzen und wenn seine kleine Tochter übers Wochenende bei ihm war, kümmerte sie sich liebevoll ums Kind. So liebevoll, dass er kaum noch an sein eigenes Kind herankam. Nach drei Jahren platzte ihm der Kragen und er stellte sie vor die Wahl: Entweder sie würde gehen – oder er würde sich eine neue Wohnung suchen.

Lucia weinte. Lucia warf ihm alles vor, was sie in drei Jahren Zusammenleben für ihn, seine kleine Tochter und die zwei Katzen getan hatte. Lucia jammerte und bettelte. Lucia schwieg beleidigt. Und schließlich war sie einfach mal zwei Tage lang nicht zu Hause, aber nicht ohne ihm einen bedeutsamen Brief hinzulegen, der ihn zutiefst erschreckte. Er erfuhr darin, dass sie ihn über alles liebte und ihrer Meinung nach ihr Leben ohne ihn keinen Sinn mehr hatte. Nachdem Thomas sich zwei Tage lang zu Tode geängstigt hatte, kam Lucia nach Hause als sei nichts gewesen. Ob er noch mal mit ihr sprechen wolle?

Thomas hat den Absprung geschafft. Luisa zog wenige Wochen später aus. Er hat seither kein Wort mehr mit ihr gesprochen.

Andere Menschen involvieren

Ein probates Mittel, das häufig funktioniert ist, andere Menschen zu involvieren, auf die du Wert legst, die du magst oder sogar liebst. Du legst Wert auf deine Freiheit, willst dich beruflich verändern, ab und zu mal deine Freizeit mit Freunden und ohne Partner genießen? Du willst dich vielleicht sogar trennen?

Ein emotionaler Erpresser wird nichts unversucht lassen um dir zu verdeutlichen, wie Personen, die dir wichtig sind, nun über dich denken. Sie schütteln natürlich den Kopf, sind fassungslos über dich und deinen Egoismus und können dich überhaupt nicht verstehen. Wenn das passiert, wirst du gerade mit der Moralkeule erschlagen. Wenn alle deinem Partner recht geben, ist ja vielleicht was dran? Das Ziel ist es, dich zu verunsichern und dir ein schlechtes Gewissen zu verursachen. Dadurch sollst du umdenken, den Kurs einlegen, den dein Partner sich wünscht – denn der ist moralisch vertretbar und natürlich einwandfrei. Und der steht natürlich vollkommen im Gegensatz zu dem, was du dir wünscht, für dich planst, tun oder lassen willst.

Emotionale Erpresser fühlen sich übrigens auch nicht schlecht dabei, die beste Freundin oder den besten Freund des Partners direkt zu involvieren. Auch vor Personen aus der Familie wird nicht zurückgeschreckt. Sie versuchen jeden auf ihre Seite zu ziehen, sich mit anderen zu verbünden, mit dem einzigen Ziel, dich zu einer Veränderung in deinem Kurs zu bewegen. Es kommt häufig vor, dass sie sich bei nahestehenden Menschen ausheulen, jammern, wehklagen, immer wieder versichern, es ginge ihnen ja nur um dich. Ebenso häufig kommt es vor, dass beste Freunde, Freundinnen oder Familienmitglieder sich davon manipulieren lassen. Vielleicht schlagen sie bei dir auf, um dir ins Gewissen zu reden: »Wie kannst du dem armen Kerl/der armen Frau das nur antun?«

Und das ist das Ziel. Wenn andere Menschen involviert werden, bedeutet das, dass dein emotionaler Erpresser bereits kapiert hat, dass all sein Reden nichts mehr bewirkt. Jetzt müssen andere Menschen das übernehmen. Für deinen Erpresser hat das den Vorteil, dass die Diskussion zwischen euch ja schwierig ist, denn klar weißt du, dass er seine eigenen Interessen verfolgt. Wenn dir aber nun jemand scheinbar neutral klar macht, was richtig oder falsch ist, dann nimmst du das eher an, als wenn du immer wieder mit ihm die gleichen Diskussionen führen musst. Das ist übrigens auch eine beliebte Methode, wenn dein Erpresser dir irgendwann mal sagen will, er habe dich ja um nichts gebeten, es war ja alleine deine Entscheidung. Deine Entscheidung, die du getroffen hast, weil Menschen dir ins Gewissen geredet haben, die dir viel bedeuten.

Emotionale Erpresser suchen sich also gezielt jemanden aus, von dem sie wissen, dass du auf deren Meinung Wert legst. Diese Person wird dann mit Halbwissen und Halbwahrheiten manipuliert. Das Ziel ist: Sie soll das Gespräch mit dir suchen, und zwar im Sinne deines Erpressers. Diese andere, unnötig involvierte Person ist jetzt der Hoffnungsstern deines Erpressers. Diese Person soll dir jetzt klar machen, wie du dich nun verhalten solltest. Und wenn du die Dinge hinterfragst, wirst du schnell feststellen, dass von dir ein Verhalten erwartet wird, wie es sich dein Erpresser nun von dir wünscht.

Du wolltest ihn verlassen? Nun, vielleicht überlegst du dir das noch einmal, wenn deine beste Freundin dir klar macht, dass dein Partner ein wertvoller Mensch ist, der dich über die Maßen liebt. Du willst einen Job annehmen, durch den ihr euch nur noch selten seht? Vielleicht kann deine Mutter dir klarmachen, was das für die Beziehung bedeuten könnte. Dein Erpresser hingegen wäscht seine Hände in Unschuld. Er hat sich doch nur mal ausgesprochen bei dieser Person. Er muss doch auch irgendwohin mit seinem Kummer, nicht?

Natürlich spricht sich jeder mit seinen Freunden oder engsten Familienmitgliedern aus, wenn es Anlass für Kummer gibt. Der Unterschied zwischen Aussprechen und Manipulation ist aber der, dass man im ersten Fall das Gespräch sucht, ein bisschen Trost vielleicht – und eben nicht erwartet, dass diese Person sich aktiv einmischt, wie es bei Manipulation der Fall ist, eine direkte Einmischung sogar untersagt. Wenn du so drüber nachdenkst, fallen dir vielleicht sogar Situationen ein, wo man dich mal involviert hat? So was kommt nämlich häufig vor. Denke einfach mal zurück und überlege, ob es in deinem Leben mal Situationen gegeben hat, in denen sich jemand bei dir wegen einer anderen Person ausheulte, und du irgendwann sagtest: »Soll ich mal mit ihr/ihm reden?«

Jemand der sich wirklich nur mal aussprechen will, würde an dieser Stelle sagen: »Auf keinen Fall. Misch dich bitte nicht ein, ich wollte nur mal drüber reden können.« Ein Manipulator aber wischt sich theatralisch die Tränen weg, oder er seufzt einfach mal tief und sagt: »Ach, das könnte vielleicht helfen.«

Die Sache ist die: Wer sich von einem Manipulator vor den Karren spannen lässt, um diesen für ihn aus dem Dreck zu ziehen, glaubt nur, die ganze Wahrheit und die Gesamtsituation zu kennen. In Wahrheit weiß man eigentlich nur, was der Manipulator sich wünscht. Das ist alles. Wenn also deine beste Freundin oder dein bester Freund, deine Mutter, deine Schwester oder wer auch immer irgendwann bei einer Tasse Kaffee mit dir zusammensitzt und dir klarmacht, dass du vielleicht gerade einen Fehler machst, wenn du so oder so handelst – dann frage an dieser Stelle einfach mal nach. Hat es zwischen ihm/ihr und deinem Partner ein Gespräch gegeben? Wenn ja, was hat er/sie erzählt? Erzähl deine Version auch, wenn du magst, und dann verbitte dir jede Form von Einmischung. Normalerweise wollen manipulierte Freunde und Verwandte sich auch gar nicht mehr einmischen, wenn sie die ganze Wahrheit erst mal kennen.

Wie du dich dagegen wehrst:
Du musst dich vor allem bei deinem Partner dagegen wehren. Die Menschen, die manipuliert wurden, können in der Regel überhaupt nichts dafür, sie wollten nur helfen. Wenn du Lust

hast, erzähle ihnen deine Version der Wahrheit, aber damit sollte das Thema dann auch erledigt sein. Verbitte dir weitere Einmischung.

Viel wichtiger ist es, dass du deinem Partner bei solchen Vorkommnissen deutlich machst, dass solche Schüsse nach hinten losgehen. Wenn er versucht hat, deine Freunde oder Verwandten zu manipulieren, solltest du erst recht bei deinen Plänen bleiben, worum auch immer es gegangen ist. Und das solltest du ihm klar machen: Jetzt erst recht! Mach ihm klar, dass du es ihm sehr übel nimmst, wenn er andere Personen mit in eure Streitigkeiten einbezieht, damit diese die Dinge für ihn regeln.

Susanne und Jürgen

Susanne und Jürgen sind seit einem halben Jahr zusammen. Jürgen stand eines Tages einfach mit seinen Koffern vor ihrer Wohnungstür. Der Vermieter hat ihm gekündigt wegen Eigenbedarf. Susanne wundert sich erst mal, denn niemand muss von heute auf morgen ausziehen. Da erfährt sie, dass Jürgen das schon vorher wusste – er wollte sie damit nur nicht belasten. Er suchte nach einer neuen Wohnung, aber leider erfolglos. Die Wohnungen, die er hätte haben können, waren so teuer, dass er sie sich nicht leisten konnte. Keine Chance.

Susanne passt das eigentlich gar nicht. Sie hat sich erst ein Jahr vorher getrennt und würde gerne weiterhin alleine leben. In ihrer letzten Beziehung gab es einige Dinge, die sie noch zu verarbeiten hat. Außerdem hat sie es bisher genossen, tun und lassen zu können, was sie wollte. Die Wohnung in ihren Farben zu streichen, abends so lange wach bleiben, wie sie Lust hatte. Am Wochenende aufräumen und putzen – oder eben mal nicht. Kochen oder nicht kochen, je nach Lust und Laune. Abends auf dem Sofa sitzen und lesen. Oder einfach mal einen Film sehen, den sie sehen wollte, ohne das Gemecker von der anderen Couch, dass das langweiliger Frauenkram ist. Nun weiß aber Jürgen nicht wohin und Susanne ist kein Unmensch. Er verspricht ihr auch, dass er weiterhin nach einer Wohnung sucht.

Sechs Monate später ist er allerdings immer noch da. Und nicht nur das – er spricht immer öfter davon, dass es doch Blödsinn ist, sich was Eigenes zu suchen. Immerhin verstehen sie sich doch so gut? Susanne lässt sich schließlich breit quatschen gibt nach. Er war nach jedem Gespräch zu diesem Thema so traurig, so mutlos … er tut ihr leid. »Also gut«, sagt sie. »Dann bleibst du eben hier.« Noch am gleichen Abend ärgert sie sich über sich selbst. Jürgen ist nett, alles ist gut, aber eigentlich wollte sie noch nicht mit ihm leben und hat sich jetzt irgendwie bequatschen lassen.

Weitere sechs Monate später kommt sie abends von der Arbeit nach Hause und Jürgen sitzt im Maler-Outfit im Wohnzimmer. Ihre eigentlich rote Wand im Wohnzimmer ist jetzt weiß gestrichen, Jürgen hat auch gleich die restlichen Wände noch mal frisch gestrichen. Alles weiß. Susanne ist totunglücklich. »Ich wollte endlich mal so leben, wie es mir gefällt!«, schimpft sie. »Bei meinem Ex gab es überall nur weiße Wände und ich hasse das! Diese Wohnung habe ich mir so eingerichtet, wie ich es haben wollte, und jetzt kommst du und die Wände sind wieder weiß!«

Jürgen ist tieftraurig. Er wollte sie überraschen und jetzt ist sie sauer. Dabei hat er sich extra einen Tag Urlaub genommen, weil er sie überraschen wollte. Susanne gibt klein bei. Er hat es ja gut gemeint. Jürgen hat gewonnen. Wenige Wochen später ist auch die rote Wand in der Küche weiß, wie auch alle restlichen Wände. Jürgen hat darüber hinaus auch zwei Bilder abgehängt, die ihm nicht gefallen, und durch neue Bilder ersetzt – die nun ihr nicht gefallen. »Das klappt nicht, Jürgen!«, sagt sie. »Das mit uns in einer Wohnung, das klappt nicht.« Sie führt mit ihm ein langes Gespräch und erklärt ihm, dass sie lieber alleine leben möchte.

Jürgen schweigt beleidigt – tagelang. Susanne fühlt sich während dieser Zeit unwohl und versucht, so oft es geht, einfach nicht zu Hause zu sein. Also verlegt sich Jürgen auf eine andere Methode. Er ist wieder total lieb, aber ein bisschen jammerig. Berichtet ihr abends beim Essen von der schwierigen Lage am Wohnungsmarkt, von seinen finanziellen Engpässen und davon, dass das Schlimmste sowieso die Tatsache ist, dass er sie jetzt verliert. »Aber du verlierst mich doch nicht«, sagt Susanne. »Wir können doch zusammen bleiben. Ich will nur nicht mit dir zusammen leben.« Was das denn für eine Beziehung sein soll, fragt Jürgen. Susanne bleibt ihm die Antwort schuldig. Er zieht aus, wenige Tage später, Susanne weiß nicht mal, wohin er verschwunden ist.

Etwa eine Woche später taucht ihre beste Freundin Marlene bei ihr auf. Marlene weiß, dass es Gesprächsbedarf gibt. Sie hat Jürgen zufällig getroffen. »Der arme Kerl, der ist ja völlig fertig, weil du ihn rausgeworfen hast«, sagt sie. Susanne spürt ein schlechtes Gewissen, aber sie verteidigt sich. »Ich habe ihn nicht rausgeworfen, ich habe von Anfang an gesagt, dass das nur begrenzt ist – er hat einfach nicht nach einer Wohnung gesucht. Hat sich hier eingenistet.«

»Na hör mal«, mahnt Marlene sie. »Der hat hier überall Laminat verlegt, hat die ganze Wohnung neu gestrichen. Das hat dein Ex nie gemacht, da musstest du immer selbst ran. Und Jürgen liebt dich abgöttisch. Du, der ist wirklich richtig fertig, er sah auch schlecht aus.«

Marlene hält Susanne noch einen Vortrag über das große Glück, das sie hatte, dass sie nach ihrer so traurigen Trennungsgeschichte wieder solches Glück hatte. Einen Mann wie Jürgen, von dem man so sehr geliebt wird, trifft man schließlich nicht an jeder Ecke. Susanne macht darauf aufmerksam, dass er ihre Wohnung anders streicht, dass er ihre Bilder abhängt, dass sie (schon wieder) einfach nicht so leben und wohnen kann, wie sie es will. Marlene erklärt ihr, dass sie ihre Prioritäten falsch setzt, denn Jürgen liebt sie doch so sehr. Nichts ist doch so wichtig wie ein Mann, von dem man wirklich geliebt wird, insbesondere wenn man vorher immer nur an Idioten geraten ist. Das müsste sie doch zu schätzen wissen? Und der arme Jürgen, der sei wirklich ganz, ganz tief unten. »Diese Trennung hat ihn vollkommen umgehauen«, sagt Marlene.

Susanne fühlt sich tagelang schlecht. Wenige Tage später sitzt Jürgen im Hausgang vor ihrer Wohnung, als sie nach Hause kommt. Er erklärt ihr, dass er vorübergehend bei einem Kumpel unterkommen konnte, aber dieser Kumpel hatte nun Damenbesuch und ihn gebeten, für diese Nacht das Feld zu räumen. »Ich wusste nicht wohin«, sagt er tonlos. Und schon am nächsten Tag darf er wieder einziehen.

Susanne war mit diesem Mann noch jahrelang zusammen. Irgendwann war sie diejenige, die sich eine neue Wohnung gesucht hat. »Ich habe mich in all den Jahren immer schlecht gefühlt«, erzählt sie. »Er tat immer so, als wüsste ich ihn nicht zu schätzen. Als wüsste ich seine Liebe nicht zu schätzen. Alles was er machte, tat er natürlich nur für mich. Und ich fragte mich immer, warum es mir so schlecht geht, wenn ich doch einen Mann habe, der alles für mich tut.«

Jürgen bestimmte das Fernsehprogramm weitestgehend und es gab immer einen Grund, warum es besser war für Susanne, wenn sie diesen oder jenen Film nicht sehen würde. Oder auch, warum sie unbedingt einen anderen sehen müsste. Keine Frage, die Wände blieben weiß, weil Jürgen sich in einer Wohnung mit roten Wänden fühlte wie in einem Kindergarten. Außerdem war er der Meinung, Rot würde aggressiv machen und Streit provozieren. Ihre Bilder konnten natürlich nicht an den Wänden hängen, weil es billige Kunstdrucke waren, mit denen sie sich blamierte. Seine Bilder hingegen waren von ihm selbst fotografiert, das war natürlich Kunst. Er versäumte keine Gelegenheit, ihr klar zu machen, wie sehr er sie liebte und dass er nur aus Liebe zu ihr so manches hinnähme, was er früher niemals gedacht hätte, dass er das ertragen könnte. Ihr abendliches Stricken zum Beispiel. Er fand das unbehaglich, es vermittelte ihm ein Gefühl, als säße er neben seiner Oma. Aber aus Liebe zu ihr hat er es natürlich akzeptiert. Auch ihre abenteuerliche Art, sich zu kleiden, was er manchmal grenzwertig fand – also so geschmacklos. Dazu der Silberschmuck, den sie trug. Dabei war sie doch eine hübsche Frau und zierlich noch dazu. Wie hübsch wäre schöner Goldschmuck gewesen!

Susanne erkrankte an Depressionen und dann kam sie von einer Erkältung zur nächsten, von einer Grippe zu einer Bronchitis und irgendwie schien sie mehr krank als gesund zu sein. Bis ihr eines Tages der Kragen platzte und sie sich eine neue Bleibe suchte. Den Kontakt zu Jürgen hat sie abgebrochen.

Und wieder war es Marlene, die sie aufsuchte um ihr ins Gewissen zu reden. Diesmal aber verbat sie sich jegliche Meinungsäußerung ihrer besten Freundin. Trennung erfolgreich.

»Ich konnte wieder atmen«, sagt Susanne. »Endlich.« Sie war seither übrigens nicht mehr krank und die Depressionen haben sich auch erledigt.

Drohungen: »Ich bringe mich um!«

Das ist die offensivste und erkennbarste Form emotionaler Erpressung und leider funktioniert sie auch häufig recht gut. Meist kommt diese Form der Erpressung vor, wenn eine Beziehung am Ende angekommen ist und man sich trennen möchte. Kann man sich denn trennen, wenn der Noch-Partner mit Selbstmord droht? Wenn das passiert, fühlt man sich natürlich erst einmal wie vor den Kopf geschlagen, im schlimmsten Fall hilflos und ängstlich. Mir ist das mal passiert mit einem Partner, von dem ich mich trennte – ich war noch sehr jung und mich hat diese Drohung wirklich erschreckt! Aber nur für einen Moment. Es dauerte nur ein paar Minuten und ich war stinksauer. Der Mann lebt übrigens noch.

Jeder Mensch muss im Laufe seines Lebens Verluste hinnehmen und damit fertig werden. Die meisten Menschen übrigens, die ihrem Partner mit Selbstmord drohen, sind nach relativ kurzer Zeit schon wieder recht glücklich mit einem anderen Menschen. Sie werden dann auch nicht davor zurückschrecken, dir ihr neues Glück unter die Nase zu reiben.

Emotionale Erpressung mithilfe einer Selbstmordandrohung kann übrigens auch versteckt erfolgen. »Ich habe ein Testament verfasst, sollte mir was passieren, dann liegt es da und da.« Oder: »Ich muss jetzt zur Arbeit fahren, aber es geht mir so schlecht wegen all dem hier, ich kann mich im Moment nicht gut auf den Verkehr konzentrieren. Hoffentlich passiert kein Unfall.«

Du solltest niemals bei einem Menschen bleiben, damit dieser sich nicht umbringt, sondern aus Liebe. Wenn du einen Menschen verlassen willst, ist das dein Recht. Man kann das freundlich und einfühlsam tun. Aber die Botschaft muss ankommen. Niemand hat das Recht, dir die Verantwortung für sein eigenes Weiterleben aufzubürden. Im Übrigen gilt hier das Gleiche wie in allen Punkten: Was hat ein emotionaler Erpresser davon, wenn du bleibst, weil du dich dazu gezwungen fühlst? Wenn du nur bleibst, damit du nicht schuld bist, falls er sich wirklich etwas antut? Nichts! Deine Liebe wird dadurch nicht wieder erblühen. Im Gegenteil, sie wird schwächer, weil du dich genötigt fühlst. Und du bist unglücklich, weil du eigentlich gehen wolltest, dich aber zum Bleiben verdammt fühlst.

Es versteht sich von selbst, dass auch hier keine echte Liebe vorhanden sein kann! Aber verlass dich drauf, dass dieser Mensch ständig von seiner großen Liebe zu dir spricht, sie dir täglich aufs Neue zu schwören bereit ist. Es kann aber keine Liebe sein, wenn dich jemand derart nötigt, mit ihm zusammen zu bleiben. Deinem emotionalen Erpresser ist nur wichtig, dass du ihn nicht verlässt. Er will sich nicht lösen, er will vielleicht auch keine Neuordnung seines Lebens, vielleicht auch materielle Einbußen vermeiden. Es geht also um seine Annehmlichkeiten und seine Weigerung, Veränderungen zu akzeptieren. Das heißt in der direkten Übersetzung, dass alles so bleiben soll wie es ist, damit er glücklich ist. Wenn du damit unglücklich bist, ist ihm das egal. Du musst eben an dir arbeiten. Das klingt nun sarkastisch und ist auch so gemeint. Wer so argumentiert, ist häufig der Meinung, du müsstest dich ja einfach nur für das Glücklichsein (mit dieser Person) entscheiden, dann kommt schon wieder alles in Ordnung. Das heißt, dein emotionaler Erpresser nimmt es billigend in Kauf, wenn du aus Angst, Sorge oder Mitleid bleibst und mit dieser Entscheidung unglücklich bist. Ist das Liebe? Eher nicht!

Ich habe dazu übrigens ein Beispiel aus der Praxis, es handelte sich um eine frühere Freundin von mir, die mit ihrem Mann eine sehr belastende Ehe führte. Es ging immer nur um ihn und seine Wünsche in dieser Ehe. Sobald sie mal was für sich tat, machte er ihr ein schlechtes Gewissen, warf ihr die unsinnigsten Dinge vor, machte sie drauf aufmerksam, was er alles für sie getan hatte oder auf was er verzichtet hatte wegen ihr. Eines Tages hielt sie es nicht mehr aus. Sie fühlte sich krank, völlig kraftlos. Ständig litt sie unter Migräne und sie holte sich eine Erkältung nach der anderen. Ihr Magen rebellierte, sie war regelmäßig wegen Magenschleimhautentzündung in Behandlung. Dann hatte sie irgendwann Gallensteine und Koliken, dass sie fast durchdrehte. Für sie war klar, dass das alles mit ihrer Ehe und dieser in ihren Augen unaushaltbaren Situation zusammenhing und sie wollte sich trennen. Er warf sich ihr zu Füßen, jammerte, bettelte, heulte. Machte Versprechungen. Sie ließ sich breit schlagen, sie hatte einfach keine Kraft, sich gegen diese Art ihres Mannes zu wehren. Nach guten zwei Wochen täglichen Theaters ruderte sie also zurück und gab ihm noch eine Chance. Im Jahr darauf gab sie ihm noch mal eine Chance und im übernächsten Jahr auch. Allerdings hatte sich das ganze Theater inzwischen gesteigert. Jetzt folgten tatsächlich Selbstmorddrohungen und das überforderte sie vollständig, übrigens auch, weil er so richtig massiv wurde. Er rammte mehrfach seinen Kopf mit voller Wucht gegen die Wand und heulte und schrie, was das Zeug hielt. Sie hielt ihn einfach nur fest, voller Angst, er könnte sich wirklich ernsthaft verletzen und Schaden davontragen. Und ruderte ein drittes Mal zurück. Nur ein Jahr später kam es erneut zu einem Trennungsgespräch und wieder zog er die gleiche Nummer durch: Riesige Diskussionen über seine tiefe Liebe zu ihr, Vorwürfe, was er denn alles für sie getan hatte, und als sie sich davon nicht beeindrucken ließ, folgte nach ein paar Tagen Runde zwei: Jammern, heulen, sich ihr zu Füßen werfen und betteln. Und als auch das nichts half, kam noch ein paar Tage später erneut eine Selbstmordankündigung. Mit völlig ausdruckslosem Gesicht saß er auf dem Sofa und erklärte ihr, er würde sich das Leben nehmen. Er könne nicht ohne sie leben. Diesmal ließ sie sich nicht mehr davon beeindrucken. »Es wäre schade«, sagte sie. »Du bist ja noch so jung.« Daraufhin ließ er einen furchtbaren Schrei los und fing wieder an, mit voller Wucht mit seinem Kopf gegen die Wand zu hämmern. Mit Sicherheit ging er davon aus, dass sie ihn festhalten würde, weil sie das bisher immer getan hatte, um ihn davon abzuhalten – aber diesmal hielt sie ihn nicht fest. Und so rammte er mehrfach mit voller Wucht seinen Kopf gegen die Wand und fiel schließlich um. Das Ergebnis war tatsächlich dramatisch. Er bekam einen epileptischen Anfall, allerdings war er kein Epileptiker. Und genau das hatte sie immer verhindern wollen, deswegen hatte sie ihn ja immer festgehalten, wenn er glaubte, seinen Schmerz auf diese Weise ausdrücken zu müssen, seinen Kopf gegen die Wand zu rammen. An diesem Tag, so erzählte sie mir später, fühlte sie nur noch Verachtung und Zorn. Sie räumte also alles beiseite, woran er sich hätte verletzen können und ließ ihn zappeln. Rief den Notarzt an, dem sie auch schilderte, wie es überhaupt zu diesem Anfall gekommen war. Ihr Mann wurde ins Krankenhaus gebracht und blieb dort ein paar Tage. Sie hat ihn nicht besucht und als er entlassen wurde, hatte sie ihm seine Sachen bereits gepackt und mit seinen Eltern geklärt, dass er erst mal bei ihnen wohnen könnte. Eigentlich ist das alles nicht lustig, aber interessant ist doch, dass genau dieser Mann schon wenige Wochen später eine neue Freundin hatte. Es lohnt sich niemals, sich auf dieses Spiel eines emotionalen Erpressers einzulassen. Die Geschichte klingt ähnlich wie die, die ich zu Anfang aus meinem eigenen Erfahrungsschatz erzählt habe, nicht wahr? Das liegt daran, dass genau so etwas viel häufiger vorkommt, als man glauben mag. Die Methoden kann man also durchaus zusammenfassen und näher beschreiben. Es sind Methoden und niemals Reaktionen auf eine Situation. Der Unterschied ist die Berechnung, die bei einer echten Reaktion fehlt.

Wie du dich dagegen wehrst:
Die Drohung mit Suizid ist pervers. Ebenso pervers ist es aber, bei einem Menschen zu bleiben, nur damit er sich nicht umbringt, das geht nämlich auf deine Kosten und hat überhaupt nichts mehr mit Liebe zu tun.

Wie reagiert man also am besten auf so etwas? Du kannst der Person Folgendes sagen: »Es tut mir leid, dass du scheinbar nicht siehst, dass dein Leben nicht von mir abhängt. Wenn du dich jetzt also umbringst, dann ist das deine Entscheidung.

Mein Leben wird weitergehen, so wie ich es geplant habe. Deines allerdings nicht, denn du bist ja dann tot.«

Du kannst die Person auch ruhig darauf aufmerksam machen, dass eine Drohung mit Suizid etwas ist, was unter »Eigengefährdung« fällt und dass du dich beraten lassen wirst, was man unternehmen kann, um sie vor sich selbst zu schützen. Du darfst auch ruhig Verachtung zeigen, Verachtung dafür, dass man dir dermaßen droht und dir eine solche Bürde auferlegen will. Wer mit Selbstmord droht, will ein schlechtes Gewissen erzeugen, Angst und Sorgen verursachen.

Lass dich hier bitte nicht auf weitere Diskussionen ein. Die Person muss merken, dass du dich von einer solchen Drohung nicht beeindrucken lässt. Ansonsten ist jedes weitere Wort nicht nur Verschwendung, sondern oft auch Nährboden für weitere Hoffnungen, die sich diese Person macht. Wenn du kannst, pack ein paar Sachen zusammen und gehe für ein paar Tage, bis du die Trennung endgültig vollziehen kannst. Du kannst auch ruhig zornig auf eine Suizid-Ankündigung reagieren, denn das wird deinen Erpresser erschrecken. Das ist nämlich nicht die gewünschte Reaktion.

Wie groß ist nun die tatsächliche Gefahr, dass sich so jemand etwas antun könnte?
Leider kann man das nur schlecht einschätzen. Ich würde es mir niemals verzeihen, wenn eines Tages irgendwo in Deutschland etwas passiert und jemand sich dann auf eine Aussage in meinem Buch beruft: »Die Autorin hat aber gesagt, wer solche Absichten ausspricht, wird es nicht durchziehen.«

Es ist in den allermeisten Fällen von Suizid so, dass der tatsächliche Selbstmord eines Menschen eine Überraschung für alle betroffenen Angehörigen und Freunde ist. Wer wirklich plant, sich umzubringen, kündigt es selten an. Der Grund liegt auf der Hand: So jemand möchte tatsächlich nicht mehr. Eine Ankündigung würde ja dann alle in Alarmbereitschaft versetzen, ein eventuell wirklich geplanter Suizid könnte vielleicht verhindert werden. Das ist natürlich nicht im Sinne eines Menschen, der diesen Schritt wirklich gehen möchte.

Wer es laut ankündigt, will in den allermeisten Fällen nur eines: Zurückgehalten werden. Am besten aber erst gar nicht in die Situation kommen. Wenn dein Partner dir sagt, dass er sich etwas antun wird, wenn du ihn verlässt und du sagst daraufhin, dass du bleibst, hat er ja gewonnen. Er muss nicht mal versuchen, sich was anzutun.

Ich will allerdings nicht abstreiten, dass Trennungen manche Menschen um den Verstand bringen und sie ihre Ankündigung in die Tat umsetzen. Das geschieht jedoch nur in ganz wenigen Fällen. Was allerdings recht häufig passiert, sind inszenierte Suizidversuche. Das heißt, derjenige schneidet sich (meist unsachgemäß) die Pulsadern auf, schluckt Tabletten oder tut sonst etwas, aber immer so, dass eigentlich nicht wirklich etwas passieren kann. Also kurz bevor der Partner nach Hause kommt oder so, dass er von anderen Leuten rechtzeitig gefunden werden kann.

Ich hatte dazu (leider) ein Beispiel in der eigenen Verwandtschaft, damals war ich noch sehr jung. Er wollte die Scheidung, sie wollte sie nicht. Die Gründe gehen niemanden etwas an und ich kannte sie auch gar nicht. Sie unterstellte ihm ein Verhältnis, wegen dem er sie verlassen wollte. Ich weiß nicht, ob er eines hatte, ich weiß nur, er wollte sie tatsächlich verlassen. Es gab wochenlange Diskussion, die ganze Familie wurde involviert und jeder stöhnte, wenn auch nur einer der beiden beteiligten Namen fiel. Alle fühlten sich hilflos und vollkommen überstrapaziert. Eine heftige Zeit.

Eines Nachmittags kam er von der Arbeit nach Hause, wie üblich gegen fünf Uhr. Laute Musik war zu hören, irgendwelche schmalzigen Schlager. Sie lag wie der sterbende Schwan in einem durchsichtigen Nachthemdchen mitten im Wohnzimmer auf dem Boden, offensichtlich betrunken und neben ihr lag ein leeres Päckchen Schlaftabletten. Er war außer sich, rief den Notarzt, sie wurde abtransportiert. Das Ende vom Lied war, dass sie erst mal, nachdem ihr der Magen ausgepumpt worden war, in die Psychiatrie verlegt wurde. Dort durfte sie erst wieder raus, als sie durch ein Familienmitglied abgeholt wurde und auch erst Tage später. Sie hatte also dafür gesorgt, rechtzeitig gefunden zu werden. Ich kann mich aber gut daran erinnern, dass damals in der Familie heftig diese »was hätte passieren können-Frage« diskutiert wurde und der eine oder andere meinte, dem Mann ins Gewissen reden zu müssen. Da war nämlich auch schon vorher einiges an Manipulation der Familienmitglieder gelaufen, bis zum Suizidversuch eben erfolglos. Der Mann blieb allerdings stur und ließ sich scheiden. Ihr ging es nach einigen wenigen Monaten wieder recht gut. Den Mann, mit dem sie schon sechs Monate später zusammen war, bezeichnete sie als die Liebe ihres Lebens und was sie heute macht – ich habe keine Ahnung. Sie stand mir nicht sehr nahe.

Ein arrangierter Suizidversuch kann jedoch für denjenigen, der ihn unternimmt, recht erfolgreich sein – bemisst man den Erfolg an dessen Werten. Es kann nicht wirklich erfolgreich sein, wenn man einen anderen Menschen auf diesem Weg dazu zwingt, zu bleiben. Wer jedoch versucht hat, sich das Leben zu nehmen und gerettet wurde, ist automatisch Opfer und wird von vielen Seiten bedauert. Wer »daran schuld war« wird allgemein als Täter hingestellt. Dass das vermeintliche Opfer eigentlich ein Täter ist, wird in der Gesellschaft gerne übersehen.

Wenn du dich von einem Menschen lösen willst, der dir mit Selbstmord droht, musst du selbst auch mit harten Bandagen kämpfen. Mach diesem Menschen klar, dass du dich von dieser Drohung nicht beeindrucken lassen wirst. Wenn du kannst, pack sofort deine Sachen und verlasse den gemeinsamen Lebensraum. Wenn das nicht möglich ist, musst du andere Wege finden, dich abzugrenzen. Tatsache ist, du darfst auf keinen Fall besorgt reagieren, denn dann hast du verloren.

»Ohne dich hat mein Leben keinen Sinn mehr.«

Wer auf diese Weise argumentiert, hat das Leben nicht verstanden. Der Sinn des Lebens kann niemals von einem anderen Menschen abhängen. Darum geht es aber im Grunde nicht, denn eigentlich sollst du dich jetzt schämen, dich hilflos fühlen und vor allem schuldig. Wie kannst du es denn übers Herz bringen, auf deinen Entscheidungen zu beharren? Dich trennen zu wollen? Du weißt doch spätestens jetzt, dass dein Partner nicht ohne dich leben kann!

Natürlich kann dein Partner ohne dich leben, jedenfalls dann, wenn die erste Phase der Trauer überwunden ist. Das Schlimme an dieser Aussage »ohne dich hat mein Leben keinen Sinn mehr« ist die Tatsache, dass alles, was nun passieren könnte, trennt man sich trotzdem, der Fantasie desjenigen überlassen ist, der sich trennen möchte. Was könnte es im schlimmsten Fall bedeuten, dass das Leben ohne dich nun sinnlos ist?

Dass dein Expartner anfängt zu trinken, zu spielen oder Heroin zu spritzen? Sich umbringt? Es schwebt eine äußerst unklare Drohung wie ein Damokles-Schwert über deinem Kopf und vor deinen Augen entsteht das Bild eines arbeitslosen Alkoholsüchtigen, der wegen dir seinen Job verloren hat, an der Flasche hängt und keinen Lebenswillen hat. Oder musst du gar damit rechnen, dass dein emotionaler Erpresser sich die Pulsadern aufschneidet oder Schlaftabletten schluckt?

In den allermeisten Fällen wird überhaupt nichts passieren. Jeder Mensch hängt an seinem gewohnten Lebensstandard und vor allem an seinem Leben. Das Ziel solcher Ansagen ist einfach nur, dass du ein schlechtes Gewissen bekommst und Angst vor dem, was da kommen könnte.

Die Trauerphase im Rahmen einer Trennung kann Menschen tatsächlich erst mal aus der Bahn werfen. Wer sich trennen möchte, sollte daher möglichst fair vorgehen, das heißt: Ein Paar trägt gemeinsam die Schuld daran, wenn eine Beziehung nicht funktioniert. Schuldzuweisungen an den Menschen, den man verlassen möchte, sollte man also möglichst vermeiden. Es spricht auch nichts gegen vernünftige Trennungsgespräche, also das Erörtern von Gründen für diese Entscheidung – aber nicht immer und immer wieder. Gespräche müssen eine Weiterentwicklung zeigen. Wichtig ist auch, nichts zu verschweigen. Wenn es einen neuen Partner gibt, gibt es ihn eben. Dann weiß der andere aber irgendwann auch, dass er nicht mehr kämpfen muss. Aber: Auch wenn man sich im Rahmen einer Trennung selbst sehr fair verhält, muss das noch lange nicht heißen, dass derjenige, von dem man sich trennen möchte, das auch tut.

Kommt dieser Spruch auf, dass sein oder ihr Leben ohne dich keinen Sinn hat, musst du dich dagegen wappnen. Jeder Mensch muss den Sinn seines Lebens in sich selbst finden und nicht in einem Partner. Verantwortung zu übernehmen heißt in erster Linie, Verantwortung für sich selbst zu übernehmen. Du kannst nicht die Verantwortung für das Lebensglück oder den Lebenssinn eines anderen Menschen tragen!

Wie du dich dagegen wehrst:
Ähnlich wie bei einer Drohung mit Suizid: Dein Leben geht weiter. Trotzdem. Das muss diese Person verstehen. Alles, was sie nun anstellt oder unterlässt, weil sie glaubt, ohne dich nicht leben zu können, liegt in ihrer Verantwortung, nicht in deiner. Das musst du ihr bewusst machen und dazu genügen zwei Sätze.

»Dein Lebensglück kann nicht von mir abhängen. Wenn das so ist, müssen wir uns erst recht trennen, denn eine solche Verantwortung will ich nicht tragen müssen.«

Du solltest dich nicht auf lange Diskussionen in dieser Frage einlassen. Mach einfach klar, dass du eine solche Verantwortung niemals übernehmen und tragen wolltest. Früher nicht, heute nicht und morgen auch nicht. Niemals!

»Wenn du nicht … dann verlasse ich dich!«

Was in die eine Richtung funktioniert, das geht auch in die andere Richtung. Emotionale Erpresser spüren es recht gut, wenn ihre Partner unter Verlustängsten leiden. Sie spüren es auch, wenn sie mit der Androhung von Trennung Angst im anderen auslösen.

Die Drohung, den anderen zu verlassen, wenn er nicht so oder so handelt, kommt als emotionales Erpressungs-Stilmittel recht häufig vor. Wer damit droht, wirkt sehr stark. Wer auf der Gegenseite Angst vor einem Verlust hat, wird durch derart starke Worte bis ins Mark erschüttert und fühlt sich schwach und hilflos.

Doch ganz offen gesprochen: Wer dir derart droht und in Kauf nimmt, dass du jetzt Angst bekommst, kann dich nicht lieben. Jemand, der dich wirklich und wahrhaftig liebt, möchte dich nicht verlieren und dich schon gar nicht einer solchen Angst aussetzen. Wer dir also mit Trennung droht, wenn du nicht in seinem Sinne handelst, erpresst dich. Du sollst gefügig sein und dessen Regeln befolgen. Nicht mehr und nicht weniger. Von Liebe keine Spur!

Ein typisches Beispiel:
Es ist lange her, aber ich war einmal mit einer jungen Frau befreundet, deren Freund ihr gelegentlich damit drohte, sie zu verlassen, wenn sie nicht …

Ja, es ging um Themen wie »alleine ausgehen« oder das Sauberhalten der Wohnung. Wenn es zu Hause nicht stets pikobello war, erklärte er, er könne nicht mit einer Frau zusammen sein, die nicht in der Lage sei, die Wohnung sauber zu halten. Als sie sich abends mal mit mir und noch ein paar anderen jungen Frauen traf, einfach um einen schönen Abend zu haben, sollte es das letzte Mal sein, dass sie mit uns unterwegs war. Als sie nach Hause kam, sprach er kein Wort mit ihr, wie ich später erfuhr. Mit einem Gefühl von tiefer Angst ging sie schlafen, aber sie wälzte sich natürlich die ganze Nacht von einer Seite auf die andere, während er friedlich schlief. In genau der gleichen, unheilvollen Angststimmung verbrachte sie auch den nächsten Tag. Als er nach Hause kam, erklärte er ihr in kühlen Worten und sehr auf Distanz bedacht: »Ich will keine Freundin haben, die sich mit irgendwelchen Weibern trifft und mich zu Hause alleine sitzen lässt. Wenn du dich mit Freundinnen treffen willst, mach das ruhig, aber dann brauchst du mich ja nicht. Wenn du das noch mal machst, verlasse ich dich.« Es folgte noch ein rhetorisch beachtlicher Vortrag über die Werte in einer Beziehung, der übrigens gespickt war mit moralischen Vorwürfen an sie.

Sie ging natürlich nicht mehr mit uns aus. Mir ist diese Form der emotionalen Erpressung schon häufig unter gekommen, und daher kann ich aus Erfahrung sagen: Wer damit droht, dich zu verlassen, wenn du nicht so handelst, wie es gewünscht wird, will dich nur unter Druck setzen, will dir Angst machen, will sein Ziel erreichen. Du sollst nicht ausgehen, du sollst dies oder das nicht anziehen, du sollst einen Job nicht annehmen, du sollst die Wohnung immer sauber halten oder du sollst dies oder das nicht tun.

Jetzt mal ernsthaft hinterfragt: Wenn du darauf verzichten musst, etwas zu tun, was dir Freude macht, weil dich dein Partner sonst verlassen wird – wie sehr wird er dich dann wohl lieben? Wenn du funktionieren musst und alles perfekt sein muss, weil er dich sonst verlässt – wie sehr liebt er dich dann? Würde er dich wirklich verlassen?

Wahrscheinlich nicht. Du sollst doch nur funktionieren, verzichten, dich fügen. Mehr nicht. Natürlich kannst du ihm den Gefallen tun und funktionieren, verzichten und dich fügen. Der Preis ist aber sehr hoch, denn wenn du das tust, weiß er, dass diese Methode funktioniert. Im Laufe der Zeit wird er immer mehr Forderungen an dich stellen und dir immer wieder damit drohen, dich zu verlassen, wenn du diese Forderungen nicht erfüllst. Das kann übrigens so weit gehen, dass du dich irgendwann fühlst wie ein persönlicher Sklave. Tatsache ist jedenfalls, es geht nur um ihn und das was er will – und niemals um dich und darum, dass du glücklich bist.

Wenn man einen Menschen aber wirklich liebt, möchte man doch, dass er glücklich ist, oder etwa nicht? Oder anders herum: Wie sehr kann dich wohl ein Mensch lieben, der es zur Erreichung seiner Ziele in Kauf nimmt, dass du in der ständigen Angst schwebst, ihn zu verlieren? Wie sehr kann dich ein Mensch lieben, der von dir Verzicht und Funktion erwartet und dich dafür unter Druck setzt?

Wie du dich dagegen wehrst:
Dreh den Spieß um. Sag ihm oder ihr: »Mit deiner Liebe kann es ja nicht weit her sein, wenn du mir damit drohst, mich zu verlassen, wenn ich nicht tue, was du willst.«

Lass deinen Erpresser Konsequenzen spüren: »Ich bin ich und ich handele so, wie ich es will und nicht, wie man es von mir erpressen will. Wenn du mich deswegen verlassen willst, wünsche ich dir ein schönes Leben.«

Tu auf keinen Fall, was von dir verlangt wurde und wenn von dir verlangt wurde, dass du etwas nicht tust, was du gerne tun wolltest, dann tu es trotzdem. Falls ihr nicht zusammenlebt, schick diesen Menschen weg. Er oder sie wird wiederkommen und diese Erpressungsmethode sollte sich (hoffentlich, manche Erpresser nehmen mehrmals Anlauf) erledigt haben. Und im Ernst, wenn diese Person nicht wiederkommen sollte, was hast du dann verloren? Jemanden, der dir damit droht, dir seine Liebe zu entziehen, wenn du nicht spurst! Das wird wieder und wieder passieren, wenn du das zulässt.

Die Wahrheit wird verdreht

Ein emotionaler Erpresser lügt und verdreht die Wahrheit gerne in seinem/ihrem Sinn. Möglichkeiten gibt es viele und sie sind so individuell wie es Menschen und ihre Beziehungen sind. Vielleicht ist seine Wahrheit nicht einmal gelogen, sondern die Wahrheit, die er sich einredet, weil er sie so haben will, oder weil er seine Realität eben so wahrnimmt.

Wenn du das Gefühl hast, dass dein emotionaler Erpresser Dinge schildert, die nach deiner Wahrnehmung anders waren oder sind, darfst du davon ausgehen, dass du manipuliert werden sollst. Du sollst die Welt, deine Beziehung und auch die Ereignisse in deiner Beziehung mit den Augen des Anderen sehen. So ist es nämlich in seinem Sinn, denn dann erkennst du auch, dass du schuld bist an allem, was schiefläuft – nicht der Andere. In der Welt des emotionalen Erpressers bist du der Part, der alles falsch macht, falsche Entscheidungen trifft, den falschen Werten nachhängt, irgendwelche Flausen im Kopf hat.

Achte immer auf dein Bauchgefühl, vor allem auf deine eigene Meinung zu den Dingen, um die es in solchen Diskussionen geht. Wenn du mit einer Situation unglücklich bist und dein Gegenüber erklärt dir, dass du dir das einredest, dass eigentlich alles ganz anders ist, dass du dich irrst – dann soll dir eine andere Realität eingeredet werden. Wer das nie erlebt hat, wird möglicherweise denken: »Das kann mir doch nicht passieren, ich weiß doch, wie die Dinge sind.« Das mag in normalen Situationen der Fall sein. Hast du es jedoch mit einem emotionalen Erpresser zu tun, ist das Verdrehen der Wahrheit nur eine Methode von mehreren, mit dem Ziel, dich mürbe zu machen, dich an dir selbst und deiner eigenen Wahrnehmung zweifeln zu lassen und die Dinge, die dir wichtig sind, infrage zu stellen.

Wir kennen alle solche Beispiele, weil wir es schon erlebt haben – wenn nicht am eigenen Leib, dann im Bekanntenkreis oder in der Familie. Emotionale Erpresser empören sich über eine Situation, erzählen anderen, wie du dich verhalten hast und ziehen sie auf ihre Seite, denn ja: Dein Verhalten ist schlichtweg mies. In der Erzählung fehlt aber in der Regel ein erheblicher Teil, nämlich der, der dich dazu bewogen hat, so oder so zu entscheiden oder dich zu verhalten wie du es getan hast.

Das kann auch unter vier Augen passieren. Dein Partner macht dir übelste Vorwürfe, immer wieder, macht eine Szene nach der anderen, du entscheidest dich irgendwann, einfach die Wohnung zu verlassen oder gar ihn zu verlassen. Beim nächsten Gespräch wird er dich damit konfrontieren, dass du ihn verlassen hast oder einfach weg gegangen bist. Was dazu führte, nämlich sein eigenes Verhalten, spielt er herunter oder streitet es geradezu ab. Hier wird die Wahrheit verdreht.

Die Möglichkeiten, Wahrheiten zu verdrehen, sind natürlich vollkommen unbegrenzt! Vielleicht hat dein Partner tagelang nicht mit dir gesprochen und du bist deswegen entnervt abgehauen. Am Ende bist du schuld, dass er nicht mit dir gesprochen hat, stimmt ja gar nicht, er war nur mit anderen Dingen beschäftigt, aber du … du siehst ja immer gleich alles so bitterböse. Vor allem bist du plötzlich der Mensch, der alles verdreht!

Wie du dich dagegen wehrst:
Das ist sehr schwer. Wie schon oben erwähnt: Achte auf dein Bauchgefühl, bleib bei der Wahrheit, die deine Wahrheit ist. Lass dir keine falsche Realität einreden. Bevor du an dir selbst zweifelst, an deiner Wahrnehmung – zweifele an der Person, die mit diesen Methoden arbeitet. Es gibt für dich nur eine einzige Wahrheit und das ist deine!

Bleib auf deinem Kurs und hole dir notfalls emotionale Unterstützung bei Freunden oder in deiner Familie. Emotionale Unterstützung, bei der du wahrgenommen wirst, wie du bist und in der deine Wahrheit akzeptiert wird.

Es ist sicher müßig, dir an dieser Stelle zu sagen, dass der Schuss nach hinten losgeht, wenn du mit einem solchen Partner zusammenbleibst? Wer deine Realität verdreht, wird das immer machen. Solange du aber mit so jemanden zusammen bist, solltest du notfalls tatsächlich so etwas wie ein Tagebuch führen. Schreib DEINE Realität auf. Immer zeitnah. Lass dir auch zu vergangenen Dingen nicht einreden, dass sie anders abgelaufen sind als du sie in Erinnerung hast. So hast du für dich selbst immer eine Gedankenstütze.

Das Verdrehen der Realität mag Menschen, die so etwas noch nie erlebt haben, vollkommen unmöglich erscheinen, aber es gibt fast keine Art der Manipulation, die einfacher ist. Es fängt mit Kleinigkeiten an, die völlig unbemerkt ablaufen. Unwichtige Dinge. Du fängst an, Dinge zu suchen, die du gestern noch in der Hand hattest, weißt genau, du hast sie hier oder da hingelegt. Aber da sind sie nicht. Du hast letzte Woche mit jemandem gesprochen, das weißt du genau. Dein Partner besteht darauf, dass das schon viel länger her ist. Kleinigkeiten eben, die in »guten Zeiten« eher unwichtig scheinen, aber oft eine Vorbereitung für einen Manipulierer sind, um die Manipulation dann im Großen durchziehen zu können.

Wenn du also jemals das Gefühl hast, dass etwas nicht stimmt, dann vertraue deinem Bauchgefühl. Nur deine Wahrheit zählt.

Das Verdrehen der Realität ist übrigens als eine Methode des »Gaslighting« bekannt. »Gaslighting« bedeutet, das Opfer nach und nach dazu zu bringen, dass es an seinem eigenen Verstand zweifelt. Eine Methode, die übrigens von narzisstischen Partnern mit Vorliebe praktiziert wird.

»Ich meine es doch nur gut mit dir.«

Wer es gut mit dir meint und das auch ausspricht, meint es in der Regel nur mit sich selbst gut. Er oder Sie appelliert an deine Vernunft. Noch viel dramatischer, diese Person unterstellt dir mangelnde Kompetenz, tut so, als wärest du nicht in der Lage, Dinge richtig zu beurteilen und eigene Entscheidungen zu treffen. Diese Person meint es gut und weiß deswegen alles besser als du, weiß was gut und richtig ist und vor allem, was böse und falsch ist. Du kannst das mit deinem verklärten Blick natürlich überhaupt nicht erkennen, denn dir fehlt es an Kompetenz, an Urteilskraft, an Lebenserfahrung. Oder es werden dir Muster unterstellt, alte Muster, die dir schon in der Vergangenheit Unglück gebracht haben und du erhältst die Prophezeiung, dass du gerade wieder ähnliche (natürlich schädliche) Entscheidungen triffst.

»Ich meine es doch nur gut mit dir« heißt: Ich weiß, was (für dich) richtig oder falsch ist, ich weiß, was (für dich) Recht und Unrecht ist, ich weiß, was dich glücklich oder unglücklich macht – und du weißt das nicht. Hier geht es natürlich nicht um dich, sondern darum, dich zu verunsichern, dich im Sinne des emotionalen Erpressers zu beeinflussen, dir Schuldgefühle und Zweifel an dir selbst, deiner Wahrnehmung und deinen Entscheidungen einzureden.

Diese Form der emotionalen Erpressung wird oft überhaupt nicht als emotionale Erpressung wahrgenommen. Dieses »ich meine es doch nur gut mir dir« wird in einem Gespräch ausgesprochen, das du möglicherweise sogar als konstruktiv empfindest. Es ist für sich alleine genommen auch noch keine emotionale Erpressung, wenn es jemand seiner Meinung nach gut mit dir meint. Es wird aber dazu, wenn es die Begleitworte zu einem an dich gerichteten Appell sind. Wenn du etwas tun sollst, was du nicht tun willst, dein Partner dich aber davon überzeugen will, dass es das Richtige für dich wäre, dich so oder so zu entscheiden – weil es am Ende für ihn angenehmer wäre als das, was du selbst planst. Oder wenn du etwas nicht tun sollst. Wie auch immer, du triffst irgendeine Entscheidung, die dem anderen nicht passt. Also wird dir eingeredet, dass es nicht gut für dich ist, dich so zu entscheiden – und natürlich meint es der Andere nur gut mit dir. Diese Form der emotionalen Erpressung könnte dir begegnen, wenn du berufliche Entscheidungen triffst, die für deinen Partner vielleicht Nachteile bedeuten könnte. Sie könnte dir begegnen, wenn du Freundschaften geschlossen hast, die dem anderen ein Dorn im Auge sind, oder wenn du dich in jemand anderen verliebt hast – und zu tausend anderen Gelegenheiten. Wenn es jemand gut mit dir meint, geht es in der Regel um Entscheidungen, die du getroffen hast und darum, dass du dazu überredet werden sollst, diese rückgängig zu machen und im Sinne deines Erpressers zu handeln.

Ich will auch mal darauf hinweisen, dass »Ich meine es doch nur gut mit dir« eine Aussage ist, die wir schon im Elternhaus regelmäßig hören. Natürlich meinen es unsere Eltern gut mit uns, zumindest sollte das so sein. Wenn wir ein gutes Verhältnis mit unseren eigenen Eltern haben, können wir zumindest bei ihnen sichergehen, dass sie es wirklich gut meinen. Aber ... auch an dieser Stelle droht Gefahr. Unsere Eltern sind zwangsläufig weiser und lebenserfahrener als wir. Natürlich wissen sie viele Dinge besser oder haben einfach schon entsprechende Erfahrungen gemacht. Das Hauptbestreben aller Eltern ist es wahrscheinlich, uns vor schlechten Erfahrungen zu schützen. In einem gewissen Alter ist das auch noch in Ordnung. Natürlich müssen Eltern einem kleinen Kind klarmachen, dass es sich die Hand verbrennt, wenn es auf die heiße Herdplatte fasst. Aber irgendwann ist das Kind erwachsen und muss eigene Erfahrungen sammeln um daraus zu lernen. Eltern, die es gut meinen, hören allerdings so gut wie niemals auf, das kleine Kind zu sehen, das man schützen möchte.

Daher kann es gut sein, dass wir solche Sätze auch mit vierzig, fünfzig oder sogar sechzig Jahren von den eigenen Eltern hören müssen. Normalerweise genügt es an dieser Stelle aber, wenn man sagt: »Ich weiß. Und nun akzeptierst du bitte, liebe Mutter, lieber Vater, dass ich das alleine entscheide.«

»Ich meine es doch nur gut mit dir« kann allerdings von jedem Menschen kommen, der dir nahesteht: Von der besten Freundin, dem besten Freund, dem Partner, der Partnerin, sogar von Arbeitskollegen oder Nachbarn. Wenn es jemand gut mit dir meint, überlege dir bitte immer, auf welche Erfahrungen du selbst zurückgreifen kannst, die deine Entscheidungen und Denkweisen für dich selbst rechtfertigen. Und was der andere davon haben könnte, wenn du auf ihn oder sie hörst. Das ist nämlich immer der entscheidende Punkt, dir diese Frage zu stellen: Was hat dieser Mensch davon, wenn du auf seinen Rat oder Vorschlag hörst?

»Ich meine es doch nur gut mit dir« ist übrigens auch ein beliebtes Stilmittel, um Menschen kleiner zu machen als sie es sind. Wer sich anmaßt, Dinge die dein Leben betreffen, besser beurteilen zu können als du selbst, versucht möglicherweise, dich zu verunsichern. Auf jeden Fall hält dein Gegenüber dich nicht für kompetent genug, dies oder das zu entscheiden. Oder es möchte dir einreden, dass du nicht kompetent genug bist. Wenn es sich bei deinem Gegenüber um einen auch sonst recht dominanten Menschen in deinem Leben handelt, kann das auf Dauer dazu führen, dass du immer unsicherer wirst und dir bald selbst keine vernünftigen Entscheidungen mehr zutraust. Das Stichwort ist: »Klein machen – klein halten.« Da stellt sich jemand deutlich über dich!

Wie du dich dagegen wehrst:
Mach deinem Erpresser klar, dass du alleine die Entscheidungen triffst, die dich und dein Leben betreffen. Du alleine entscheidest, auf wen du dich einlässt, welchen Job du machst und wie du leben willst – sonst niemand. Und du alleine trägst auch die Verantwortung dafür. Das muss dein Erpresser begreifen. Natürlich kann er seine Meinung dazu sagen, aber

das war es dann auch schon. Mach ihm oder ihr klar, dass du die Konsequenzen bei Fehlentscheidungen in Kauf nimmst, weil du dadurch für die Zukunft lernst. Deine Fehler, deine Konsequenzen.

Du bist so egoistisch!

Wenn dein emotionaler Erpresser dir den Vorwurf macht, dass du egoistisch bist, erfolgt das meist im Zusammenhang mit deiner angeblichen Unfähigkeit, die Dinge richtig und in allen Konsequenzen (vor allem für dein Gegenüber) einzuschätzen, deine Rücksichtslosigkeit, und vor allem, nach all dem, was er für dich getan hat. Du wagst es, deinen eigenen Weg zu gehen? Deine eigenen Entscheidungen zu treffen? Ihn oder sie verlassen zu wollen? Nach allem, was er für dich getan hat? Um den Vorwurf des Egoismus noch einmal deutlich zu unterstreichen, wird auch gerne darauf hingewiesen, dass man das ja schon immer wusste, mit diesem Egoismus. Schließlich hast du ja immer nur deine eigenen Interessen gesehen und niemals das, was der andere für dich getan hat, worauf er wegen dir verzichtet hat und was er aus Liebe zu dir alles geschluckt hat.

Die typische Reaktion eines ganz normalen Menschen auf diesen Vorwurf: Man zuckt erst mal zusammen, fühlt sich automatisch ziemlich mies, denn man will ja nicht egoistisch sein. Man will doch nur … beruflich weiterkommen oder irgendeine Entwicklung durchlaufen können, ausgehen, was auch immer der Grund für den Vorwurf des Egoismus sein mag. Eigentlich ist das doch auch gar nicht schlimm, was man vorhat. Dachte man zumindest. Aber jetzt steht der Partner da und regt sich auf, wirft dieses furchtbare Wort in den Raum und man fühlt sich schlecht. Wenn die Nummer für den Anderen funktioniert, wirst du brav zurückrudern, deine Ansprüche, Pläne oder Vorhaben noch mal überdenken.

Natürlich gibt es egoistische Menschen, die sich rücksichtslos über die Bedürfnisse anderer, insbesondere ihrer Partner, hinwegsetzen. Mit einem hemmungslos egoistischen Menschen möchte man aber normalerweise keine Beziehung führen. Egoisten werden normalerweise wieder verlassen, eben weil sie egoistisch sind. Wer hingegen in Krisensituationen von einem Partner, der bleiben möchte, Egoismus vorgeworfen bekommt, darf das Kompliment ruhig zurückgeben. In der Regel sind es die emotionalen Erpresser, die egoistisch sind. Sie wollen nämlich ihren Willen durchsetzen, setzen sich über deine Bedürfnisse hinweg und werfen dir Egoismus vor, damit du einen Gang runterschaltest, über dich selbst nachdenkst und dem wahrhaften Egoisten in deiner Beziehung dadurch einen Vorteil verschaffst.

Wie du dich dagegen wehrst:
Du kannst deinen Sparringspartner mit Zustimmung entwaffnen. Wenn der Spruch kommt, dass du egoistisch bist, sag doch einfach: »Ja, das bin ich.« Wenn du ihm zustimmst, versetzt du ihn erst einmal ins Erstaunen, denn damit rechnet kein Erpresser. Emotionale Erpresser, die so argumentieren, haben wahrscheinlich schon öfter erlebt, dass dieser Vorwurf funktioniert. Wer will schon egoistisch sein? In den meisten Fällen bricht nach einem solchen Vorwurf ein riesiger Streit aus und der Beschuldigte fängt an, sich zu verteidigen. Dadurch merkt der Erpresser, dass der Beschuldigte sich getroffen fühlt.

Wenn du aber einfach bestätigst, dass du egoistisch bist, steht die Runde eins zu null für dich. Dein Gegenüber muss sich etwas Besseres einfallen lassen. Vielleicht kommt noch ein schwacher Versuch, vielleicht gibt dein Erpresser nicht sofort auf, sondern fängt an, dir Beispiele aufzuzählen für deinen unabänderlichen Egoismus. Stimme zu! Er oder sie hat recht, fertig! Ja, du bist ein Egoist! Es wird nicht lange dauern, bis Ruhe einkehrt. Wahrscheinlich findet dann ein weiteres Stilmittel der emotionalen Erpressung Anwendung. Es gibt ja genügend Methoden der emotionalen Erpressung und wenn das eine nicht funktioniert, dann klappt vielleicht das andere?

An Verpflichtungen erinnern

Ihr habt gemeinsame Kinder? Gemeinsame Haustiere? Dann werden auch diese eingesetzt, wenn du manipuliert werden sollst. In diesem Fall musst du dich nicht nur schlecht fühlen, weil Partner oder Partnerin sich (wegen dir!) schlecht fühlen. Sondern auch, weil es (wegen dir!) den Kindern nicht gut geht. Oder den Haustieren. Alles, wofür du verantwortlich bist – oder mit verantwortlich bist – eignet sich dafür, dir Schuldgefühle einzureden.

Der arme Hund, der doch euch beide liebt und nun auf einen von euch verzichten muss. Oder so unter dem emotionalen Stress zu Hause leidet. Das arme Kind, das nun zum Scheidungsopfer wird und den ständigen Streit nicht ertragen kann. Das arme Kind, das nur noch schlechte Noten schreibt, weil es mit der Situation zu Hause nicht klarkommt, oder das wieder in die Hose macht, weil es psychisch leidet – alles wegen dir. Erwachsene Menschen, die sich trennen wollen oder einfach nur Streit haben, handeln so, dass niemand, für den sie gemeinsam Verantwortung tragen, leiden muss. Erwachsene, reife Personen versuchen niemals, Streitigkeiten auf dem Rücken von Kindern auszutragen oder diese gar mit einzubeziehen, sie zum Instrument zu machen, um den anderen mit deren Wohlbefinden zu erpressen.

Wenn du also spürst, dass dein Partner die Kinder, den Hund oder andere gemeinsame Verantwortlichkeiten wie ein Mahnmal benutzt, um dir zu verdeutlichen, was du alles verursachst, ist das Manipulation der übelsten Art.

Emotionale Erpressung durch die Erinnerung an deine Verantwortung kann übrigens auch auf ganz anderen Wegen daherkommen. Kinder, aber das betrifft auch leider Haustiere, die man sich natürlich wesentlich leichter anschaffen kann als ein Kind, werden sehr häufig dazu benutzt, einen Partner an sich zu binden. Und so kann es gut sein, dass ihr euch mitten in einer Krise befindet, deine Freundin dir aber freudestrahlend erklärt, dass sie schwanger ist. Es kann gut sein, dass du deinen Freund verlassen willst und er auf einmal mit einem niedlichen Hundewelpen nach Hause kommt. Das Tragische daran ist, dass diese Masche häufig klappt. Wer auch nur einigermaßen Verantwortungsgefühl im Leib hat, wird vor einer solchen, ungeplanten Verantwortung in der Regel nicht davonlaufen. Gehörst du zu diesen Menschen? Dann ist es besonders wichtig, dass du diese Methoden kennst. Die Tragik daran ist nämlich, dass das arme Wesen, ob es nun ein Baby ist oder ein Hundewelpe, am Ende darunter zu leiden hat. Eine kaputte Beziehung oder eine Beziehung, die am Bröckeln ist, kann man nicht mit einem Baby kitten – und mit einem niedlichen Welpen funktioniert das auch nicht. Die Gründe für die ganzen Ärgernisse in der Beziehung sind ja damit nicht aus der Welt geschafft – es wird nur von ihnen abgelenkt, denn die Aufmerksamkeit gilt jetzt natürlich erst mal dem kleinen Wesen und all den Dingen, die nun wichtig sind. Aber irgendwann kehrt der Alltag wieder ein, das kann nach einer Woche schon passieren – oder auch erst nach Monaten oder Jahren. Dann wird der ganze Mist auf dem Rücken eines unschuldigen Kindes ausgetragen, das bis dahin allerdings ohnehin längst die ganzen Spannungen mitbekommen hat. Und der niedliche kleine Welpe ist inzwischen wahrscheinlich ausgewachsen und muss jetzt weg.

Dich mit Verantwortung erpressen zu wollen, ist eine der miesesten Nummern in der emotionalen Erpressung überhaupt. Wer so handelt, zeigt ganz genau, was Menschen (oder auch Tiere) in seinen Augen sind: Schachfiguren, die man benutzen und für seine Zwecke einsetzen kann. Du sollst bleiben, diese Person nicht verlassen, wieder freundlich sein, eure gemeinsamen Probleme vergessen, oder was auch immer. Und die kleinen Wesen, die mit reingezogen werden, sind die Spielfiguren, die dein Partner über das Spielfeld schiebt, vollkommen rücksichtslos dem Schicksal dieser Wesen gegenüber.

Übrigens – die Manipulation mithilfe von Kindern oder Tieren, an denen das eigene Herz natürlich hängt, geht auch noch auf eine andere Art: Wenn du plötzlich keine Chance mehr hast, dein Kind zu sehen, wenn man dir verbietet, Zeit mit dem Hund zu verbringen oder mit ihm überhaupt die Wohnung zu verlassen, werden diese hilflosen Wesen ebenfalls eingesetzt, um dich gefügig zu machen.

Es tut verdammt weh, wenn ein Partner dafür sorgt, dass man sein eigenes Kind nicht mehr sehen kann. Und es tut noch viel mehr weh, wenn das eigene Kind selbst manipuliert wird und dich plötzlich nicht mehr mag, nicht mehr mit dir spricht. Es gibt nichts Einfacheres, als ein kleines Kind unter Druck zu setzen, es emotional zu erpressen und an sich zu binden. Deswegen sind das ganz besonders verwerfliche Methoden. Du erinnerst dich an das Kapitel mit der verdrehten Realität? Nun, viele schrecken nicht davor zurück, dem eigenen Kind irgendwelche Sachen einzureden, damit es den Partner ablehnt. Manche Kinder werden auch ganz offen erpresst: »Wenn du mich lieben würdest, dann würdest du mit der Mama/dem Papa nicht mehr sprechen. Der hat mir nämlich total wehgetan.« Das Kind wird in die Verantwortung genommen und das ist das Allerletzte.

Aber auch mit geliebten Haustieren habe ich so was schon erlebt. Eine besonders harte Geschichte, die ich von Weitem beobachten musste: Da wurde der Hund, der das Ein und Alles seines Frauchens war, einfach weg gegeben. Verschenkt, um ihr wehzutun. Der Expartner konnte das tun, weil das Tier auf seinen Namen angemeldet und gechipt war. Leider gilt ein Tier ja hier immer noch als Sache. Was ich in einem Forum gelesen habe: Frauchen durfte den gemeinsamen Hund, der offiziell auf seinen Namen lief, nicht mehr anfassen, nicht mehr mit ihm Gassi gehen und musste ihm fern bleiben – auch wenn die zwei noch zusammen lebten. Darüber hinaus durfte der Hund das gemeinsame Haus nicht mehr betreten und wurde in eine Scheune verbannt – und das im tiefsten Winter. Die Frau ist fast an Kummer gestorben, es brach ihr das Herz, dass sie nichts tun konnte. Sie lief wohl davon, als ihr Mann arbeiten war, nahm den Hund mit und brachte ihn bei einer Freundin unter. Aber natürlich klapperte der Mann alle Bekannten ab und holte den Hund zurück. Ich weiß nicht, was aus dieser furchtbaren Sache geworden ist, vor allem aus dem Hund. Die mir namentlich unbekannte Frau meldete sich in diesem Forum nicht mehr zu Wort, leider.

Emotionale Erpressung hat keine Grenzen. Alles ist möglich, was sich eignet, um dir wehzutun oder das zu erreichen, was man von dir will.

Wie du dich dagegen wehrst:
Das ist sehr schwierig, denn derjenige, der den anderen an dessen Verpflichtungen erinnert ist es meist, der dafür sorgt, dass schwächere Wesen wirklich unter der Situation leiden. Wenn es irgendwie möglich ist, solltest du dafür sorgen, dass diese Person die Wohnung verlässt und keinen Zugriff mehr hat. Insbesondere bei Kindern ist das sehr schwer, denn wenn du deinen Partner vor die Tür setzt und den Kontakt zu gemeinsamen Kindern verhinderst, kann er dich nicht nur rechtlich belangen, sondern du schadest den Kindern dann tatsächlich.

Bleib auf deinem Kurs, den du einschlagen wolltest, lass dich davon nicht beeindrucken, mach dem Partner oder der Partnerin klar, dass es an euch beiden liegt, wenn es Wesen gibt, die leiden. Wahre Liebe für unschuldige Personen, die hilfsbedürftig und abhängig sind, erfordert nun einmal von beiden Seiten ein gleichbleibend stetiges und verantwortungsbewusstestes Verhalten. In einem solchen Fall ist möglicherweise eine Beratungsstelle eine gute Anlaufstelle. Solche Situationen sind individuell und die wahren Opfer sind immer die Unschuldigen, für die man verantwortlich ist. Hier mit ein paar wenigen Sätzen Rat erteilen zu wollen, ohne die individuelle Situation zu kennen, wäre verantwortungslos.

Mit Rücksicht auf die schwächeren Wesen nun aber vom eigenen Kurs abzuweichen, wäre auch ein Fehler, denn dann hat die Methode funktioniert. Du bleibst in der Situation gefangen, die du beenden wolltest, Konflikte werden nicht gelöst und es ist nur einer wirklich zufrieden: dein Erpresser. Hole dir also unbedingt Hilfe! Rechtsberatung, Konfliktberatung, Eheberatung, es gibt viele Möglichkeiten, du musst nur danach suchen und Wege suchen wollen. Die Hilflosen müssen immer geschützt werden. Du wirst sie aber nicht durch Zurückrudern schützen können, denn dann hat das Ganze funktioniert und sie werden immer und immer wieder wie ein Schutzschild vorgehalten, auf dem alles aufprallt. Das darfst du nicht zulassen.

Wie du damit umgehen könntest, wenn deine Liebste dir in einer Krisensituation offenbart, dass sie schwanger ist – an diesem Punkt wird es richtig schwierig. Die meisten Frauen, die diesen Taschenspielertrick anwenden, werden gleichzeitig klarstellen, dass eine Abtreibung nicht infrage kommt, dass du jetzt viele Jahre lang Alimente zahlen musst – und bei vielen Männern funktioniert das alles auch. Sie rudern also zurück, was in meinen Augen falsch ist. Allerdings steht mir da kein Urteil drüber zu, Situationen sind außerdem individuell. Eigentlich kann es nur eine richtige Lösung geben: Nicht nachgeben. Koffer packen und trotzdem gehen.

Wenn dein Partner einen Hundewelpen oder ein Katzenbaby anschleppt, um von eurer Krise abzulenken oder dich zum Bleiben zu bewegen, mach dir klar, dass dir hier gerade Verantwortung aufgedrückt wird, ohne dass du gefragt wurdest. Das ist übergriffig und verantwortungslos von deinem Partner oder deiner Partnerin. Wie könnte man darauf reagieren?

Lösung eins: Du stellst klar, dass das Tierchen deinem Partner gehört und du damit nichts zu tun hast, dass du deswegen trotzdem nicht bleiben willst, oder, falls es nur um Konflikte geht, die überdeckt werden sollen, dass du keine Verantwortung für das Tierchen übernehmen wirst. Das musst du aber sehr vehement klarstellen, denn die meisten Menschen, die solche Schritte gehen, sind der Meinung, dass sich das alles mit der Zeit einspielt und du das kleine Tierchen schon lieb gewinnen wirst.

Lösung zwei: Wenn du beim Anblick des kleinen Wesens dein Herz verloren hast, stell klar, dass du das Tierchen als Geschenk siehst und es behalten wirst, auch im Fall einer Trennung. Dann musst du aber sehr konsequent sein: Impfpässe und Registrierungsunterlagen müssen auf deinen Namen laufen.

Lösung drei: Du weigerst dich, die Verantwortung zu übernehmen und bestehst darauf, dass das Tierchen entweder zurückgebracht wird zum Züchter oder umgehend vermittelt wird, solange es noch klein ist und sich nicht allzu sehr eingewöhnt hat. Dir muss nämlich klar sein, dass das arme kleine Ding sowieso wieder weg muss, wenn irgendwann klar ist, dass es die gewünschte Funktion nicht erfüllt hat (Konflikt vergessen oder dich zum bleiben zu bewegen). Je länger es aber bei euch ist, umso schlimmer wird es für das Tier, denn es gewöhnt sich an euch und liebt euch.

An die Opfer erinnern, die man für dich erbracht hat

Was man für andere tut, sollte man gerne tun – oder man sollte es lassen. Wenn man einem anderen Menschen zuliebe auf etwas verzichtet, dann sollte man auch das gerne tun. »Ein Opfer bringen« ist ja immer mit Schmerz und Verzicht verbunden. Schmerz und Verzicht sollte es aber in Beziehungen nicht geben. Niemand, der wirklich liebt, möchte sehen, dass der Partner sich aufopfert oder sich von Dingen verabschiedet, an denen er hängt, Freundschaften aufgibt, was auch immer derjenige meint, »opfern zu müssen«.

Erinnere dich zurück: Hast du das verlangt? Dann warst du in diesem Moment ein Täter. Ein Mensch der wirklich liebt, möchte nicht, dass der geliebte Mensch für ihn ein Opfer bringen muss, sich von etwas trennen, verabschieden, darauf verzichten muss. Du hast es nicht verlangt, sondern im Gegenteil, dich gewundert, dass dein emotionaler Erpresser ein Opfer gebracht hat? Dann bist du unschuldig. Aber selbst wenn du irgendetwas verlangt hast: Erwachsene Menschen treffen Entscheidungen und müssen damit leben. Jeder Mensch hat zu jeder Zeit seines Lebens das Recht, nein zu sagen. An dieser Stelle sollte man nicht darüber diskutieren, dass es unfair ist und nichts mit Liebe zu tun hat, wenn man von einem Partner etwas verlangt, was für diesen ein Opfer wäre.

Allerdings gibt es auch diese ganz besonderen Situationen, in denen diese Form der emotionalen Erpressung wahrscheinlich am häufigsten anzutreffen ist. Du wirst an irgendwas erinnert, was ihr damals, vielleicht sogar vor zwanzig Jahren, völlig sachlich besprochen habt. Ihr habt eine gemeinsame Lösung gefunden und in deiner Realität war das eine gemeinsame Lösung, die ihr aus Vernunft oder was auch immer getroffen habt. Nun aber, Jahre später, wird dir verdeutlicht, was für ein Opfer es damals für den anderen bedeutet hat. Ein Opfer, von dem du gar nicht wusstest, dass es eines war. Das ist dreist, denn es ist nicht nur verjährt, sondern vor allem kann sich meist nach einem längeren Zeitraum keiner der Beteiligten mehr so recht an die Ausgangssituation damals erinnern.

Lass nicht zu, dass jemand für dich Opfer bringt, denn wer das tut, führt im Kopf ein Notizbuch. Die erbrachten Opfer werden eines Tages addiert und dir auf den Frühstücksteller gelegt. Auf dass du dich schlecht fühlst! Der andere ist unendlich gut und du bist unendlich böse! Wer Opfer bringt, sammelt Waffen. Diese Waffen werden nicht sinnlos leer geschossen, nein. Das Magazin wird dann abgefeuert, wenn es keine andere Möglichkeit für den Erpresser gibt, dir klar zu machen, was er alles für dich getan und geopfert hat.

Du sollst begreifen, dass du diesem Menschen etwas schuldest. Und wenn es nur bedeutet, dass du eine Entscheidung, die du gerade getroffen hast, rückgängig machst. Das solltest du auf keinen Fall tun, denn die Wahrheit ist: Wenn diese Methode funktioniert, wird deine Schuld niemals abgetragen sein. Du kannst die gebrachten Opfer nie wieder gut machen, egal auf was du alles verzichtest und was du alles unternimmst. Die erbrachten Opfer sind immerwährend und deine Schuld ist unvergänglich – wenn du auf diese Masche hereinfällst. Die Summe deiner Schuld wächst übrigens, denn während du denkst, es ist wieder alles in Ordnung, werden weiterhin Opfer gebracht, von denen du nichts ahnst. Sie werden der Waffensammlung hinzugefügt.

Wie du dich dagegen wehrst:
Verbiete weitere Opfer und mach deinem Gegenüber klar, dass du nicht wusstest, dass dies oder das ein Opfer bedeutet hat. Mach ihm oder ihr bewusst, dass du niemals ein Opfer verlangt hast und es auch künftig nicht tun wirst. Wurde also tatsächlich ein Opfer gebracht, so war das nicht in deinem Sinne und eine freiwillige Entscheidung desjenigen, der glaubt, Opfer gebracht zu haben. Du musst aber auch in diesem Punkt auf deinem eingeschlagenen Kurs bleiben. Lass dir

keine Schuldgefühle einreden. Du schuldest niemandem etwas, der unverlangt Opfer für dich erbracht hat. Außerdem wäre an dieser Stelle noch genauer zu untersuchen, ob ein angeblich erbrachtes Opfer tatsächlich eines war.

Ein Beispiel:
»Wegen dir bin ich nie ausgegangen, habe auf alles verzichtet und habe immer nur zu Hause gesessen!«

Bei diesem Beispiel wäre interessant zu erfahren, ob der Partner eigentlich überhaupt Interesse daran hatte, auszugehen. Es gibt Menschen, die am liebsten die Couch zu Hause hüten und das Fernsehprogramm dabei konsumieren. In dem Fall wäre es kein Opfer, nicht auszugehen.

Beleidigtes Schweigen

Erinnerst du dich an die Geschichte von Sabine und Lukas im vierten Kapitel? Das war die Nummer mit dem beleidigten Schweigen und sie hat – für Lukas – ziemlich gut funktioniert.

Auch Schweigen, ganz ohne Androhungen oder Vorwürfe, ist eine Form der emotionalen Erpressung. Schweigen ist insofern bedrohlich, weil Menschen, die zusammen leben oder zumindest eine Beziehung miteinander führen, normalerweise auch Kommunikation pflegen. Man ruft sich an, man besucht sich, man sitzt zusammen und erzählt sich Dinge, stellt Fragen, gibt Antworten. Wenn einer von beiden beleidigt schweigt, entsteht eine bedrohliche, unangenehme Atmosphäre, die nicht selten auch von Angst geprägt ist. Es geht dabei nicht um das Schweigen alleine, sondern auch um die ganze Körpersprache, von der dieses Schweigen begleitet ist: Kein Lächeln, keine freundliche Geste, absolute Distanz durch eine permanente Abwehrhaltung. Wer beleidigt schweigt, steht oder sitzt meist ziemlich kerzengerade und schaut von oben auf dich herab – und das mit eisiger Mine, nicht selten sogar mit zusammengekniffenen Augen und einem brutal wirkenden Zug um den Mund herum.

Lebt man nicht zusammen, wird derjenige, der mit Schweigen bestraft wird, sich fragen, ob die Beziehung zu diesem Menschen nun am Ende angekommen ist, ob man sich überhaupt noch einmal wieder sieht. In diesem Fall bedeutet das eisige Schweigen nämlich meistens, dass man den Partner überhaupt nicht zu Gesicht bekommt, er nicht ans Telefon geht, sich nicht meldet, nicht vorbeikommt, nicht anruft. Verlustängste kommen zum Tragen.

Lebt man zusammen, und wird mit Schweigen bestraft, ist die Atmosphäre so derartig unangenehm, dass man sie in der Regel mit allen Mitteln wieder zum Positiven wenden möchte. Das heißt, der Mensch, der beleidigt schweigt, erpresst durch sein Schweigen Handlungen des anderen, die eigentlich eine Demütigung darstellen, ein »klein beigeben«. Sobald der andere sich genügend gedemütigt hat, klein beigibt, wird dessen »Einsichtigkeit« belohnt, indem wieder Kommunikation stattfindet.

Das kann in Beziehungen durchaus ein probates Mittel sein, um den Anlass für das eigentliche Schweigen für die Zukunft auszuschließen: Der Mensch, der sich nun tagelang bemüht hat, dass man wieder mit ihm spricht, wird, während er sich um eine Wiederaufnahme der Kommunikation bemüht, auch darüber grübeln, was er eigentlich falsch gemacht hat. Für die Zukunft wird er dann diesen »Fehler« vermeiden. Beleidigtes Schweigen ist also durchaus ein erfolgreiches Stilmittel von emotionalen Erpressern, denn sie erpressen damit eine Lebensführung des anderen in ihrem Sinne, nötigen den anderen dadurch, auf Dinge zu verzichten oder sich in der gewünschten Art und Weise zu verhalten.

Das beleidigte Schweigen ist übrigens eines der am häufigsten praktizierten Form der emotionalen Erpressung. Es ist Gewalt, aber es wird nur von wenigen Menschen als Gewalt gedeutet. Versetzt man sich aber mal in die Lage des Menschen, der tagelang ignoriert und beleidigt angeschwiegen wird, sollte man schnell dahinter kommen, was dieses Verhalten bewirkt. Es entsteht auf jeden Fall eine absolut unangenehme und beängstigende Atmosphäre – und das zu Hause. Das eigene Zuhause ist aber der Ort, an dem ein Mensch sich sicher fühlen möchte, gut aufgehoben, Harmonie und angenehme Stunden erleben möchte. Jeder Mensch braucht dieses harmonische Zuhause, es ist nämlich der Ort, an dem wir uns von einer sonst wenig harmonischen Welt erholen. Es sollte der Ort sein, wo wir sein dürfen, wie wir sind und uns entspannen können. Werden wir mit einem eisigen Schweigen konfrontiert, entsteht eine unangenehme Atmosphäre, Angst, die man vielleicht nicht mal näher erklären kann. Definitiv entsteht ein Gefühl der permanenten Anspannung, und das schlaucht, das kann einen Menschen in Erschöpfungszustände treiben – je nachdem, wie oft es vorkommt.

Für den emotionalen Erpresser ist es eine äußerst wirksame Methode, auch um zu überprüfen, wie weit er gehen kann.

Wie alle Formen der emotionalen Erpressung ist das natürlich nicht akzeptabel. Normalerweise sollte man jemanden, von dem man beleidigt angeschwiegen wird, einfach vor die Tür setzen. Das geht natürlich nicht immer. Handelt es sich um eine gemeinsame Wohnung, kann man den Partner nicht wegschicken. Ist es die Wohnung des »Schweigenden«, in der man selbst mit wohnt, kann man ihn natürlich auch nicht aus dem Haus weisen.

Trotzdem darfst du dir das nicht gefallen lassen. Wie bei allen Arten der emotionalen Erpressung ist es auch bei dieser Methode wie gehabt: Funktioniert sie, erreicht der andere durch sein beleidigtes Schweigen sein Ziel, dann hat er gewonnen. Er wird diese Methode wieder und wieder einsetzen und im Laufe der Zeit werden weitere Methoden dazukommen. Das heißt, du musst vor allem für ausgeglichene Machtverhältnisse sorgen, damit du nicht erpressbar bist. Dafür solltest du dir auch ruhig infrage stellen, ob es lohnt, mit jemandem zusammen zu leben, der beleidigt schweigt und dich ignoriert. Ich meine: NEIN.

Eisiges Schweigen fällt unter psychische Gewalt. Ich will auf keinen Fall abwerten, was die Opfer von körperlicher Gewalt zu ertragen haben. Aber das Perfide an psychischer Gewalt ist, dass man sie nicht »greifen kann«. Man kann nicht beweisen, dass man fertig gemacht wird, und das auf der psychologischen Ebene. Das lässt einen Menschen dann gerne auch mal am eigenen Verstand zweifeln.

Definitiv ist eisiges Schweigen eine Form von Liebesentzug, und Liebesentzug wird immer als Strafe eingesetzt.

Wie du dich dagegen wehrst:
Auf keinen Fall zu Kreuze kriechen. Wenn du ignoriert und angeschwiegen wirst, ist das tatsächlich hart, insbesondere,

wenn man zusammen lebt. Entzieh dich dieser Situation, wenn du die Möglichkeit hast. Fahr ein paar Tage zu deinem Bruder, deiner Mutter, deiner Schwester oder einem guten Freund. Verdeutliche der beleidigt schweigenden Person: »Da du mich ignorierst und nicht mit mir sprichst, werde ich jetzt gehen. Ich bin in ein paar Tagen wieder zurück.« Noch besser: Leg einen Zettel hin, jeder Versuch der Kommunikation ist in so einem Fall nämlich absolut erniedrigend.

Du solltest dich allerdings darauf vorbereiten, dass dich bei deiner Rückkehr dann Vorwürfe erwarten, die wahrscheinlich auch in das Raster der emotionalen Erpressung fallen. Wenn das Schweigen nichts gebracht hast, gibt es ja noch genügend andere Wege, um dich klein zu kriegen.

Das macht aber nichts. Wenn du eine Methode der emotionalen Erpressung nach der anderen ausschaltest, wird es bald keine mehr geben – oder ihr trennt euch in der Zwischenzeit, weil es nicht mehr auszuhalten ist. Kriechst du aber zu Kreuze, versuchst du Fehler wieder gutzumachen, es dem anderen recht zu machen, muss dir klar sein, dass die Methode in diesem Fall funktioniert. Das heißt, sie wird sich bei nächster Gelegenheit wiederholen.

Auch eine Methode um zu zeigen, dass Schweigen nichts bringt: Drüber lachen und zeigen, dass dir das völlig hinten dran vorbei geht. Während der Schweigezeit einfach Dinge tun, auf die du Lust hast und deutlich zeigen, dass dir das Schweigen nichts ausmacht. Du kannst sogar deutlich machen, dass du das Schweigen aktuell sogar genießt – endlich mal Ruhe! Das wirkt allerdings nicht bei jedem und es gibt Persönlichkeiten, die darauf sogar höchst aggressiv reagieren. Daher sollte man sich gut überlegen, ob man sich auf diese Weise zur Wehr setzen kann.

Dir muss bewusst sein, dass du mit Schweigen dressiert werden sollst. Wenn du nämlich ständig denkst, dass du was falsch gemacht hast, wirst du dich entsprechend verunsichert verhalten. Du hast Angst um deine Beziehung, du fragst dich ständig, wie du Fehler vermeiden kannst. In der Folge kreisen deine Gedanken um die Frage, wie du ihn oder sie wieder »gut stimmen kannst«. Mit der Zeit wirst du immer kleiner, immer unauffälliger und immer mehr so, wie der andere dich haben will.

Ich könnte mich irren, aber ich habe die Erfahrung gemacht, dass Partner, die beleidigt schweigen, überaus kaltblütig und kalkulierend sind. Es geht nicht um einzelne Ziele, die sie für sich selbst verwirklichen wollen. Nach meiner Beobachtung geht es einem beleidigt Schweigenden darum, den anderen klein zu machen, sein Selbstvertrauen zu zerstören. Wer beleidigt schweigt, weiß wahrscheinlich, dass er eigentlich eine schwache Persönlichkeit ist und nicht vernünftig mit Konflikten umgehen kann. Also wird das Gegenüber klein gemacht um es dann auch klein zu halten. Die Frage, die sich hier stellt ist, ob sich eine Beziehung mit einem Menschen lohnt, der beleidigt schweigt. Wenn du von solchem Verhalten betroffen bist, kannst nur du entscheiden, wie du damit umgehst. Für mich persönlich wäre es ein Grund, die Beine in die Hand zu nehmen und die Beziehung zu beenden. Das beleidigte Schweigen gehört übrigens insbesondere bei der narzisstischen Persönlichkeitsstörung ins Repertoire.

Das Verweigern von Nähe und Sexualität

Viele Männer werden jetzt sagen, Nähe und Sexualität zu verweigern, sei eine typisch weibliche Methode der emotionalen Erpressung. Das stimmt aber nicht. Was natürlich stimmt ist, dass Frauen, wenn sie enttäuscht, verletzt, oder traurig sind, in der Regel keine Lust auf Sex haben. Wenn eine Frau also über einen langen Zeitraum hinweg keine Lust auf Sex hat, sollte sich ein Mann durchaus mal fragen, was da schiefläuft.

Wir sprechen aber über emotionale Erpressung und in diesem Kontext ist das Verweigern von Nähe und Sexualität weder typisch weiblich, noch typisch männlich. Beide Geschlechter wenden diese Methode an und ich sage sogar, sie tun es in der gleichen Häufigkeit.

Das Verweigern von Nähe und Sexualität geht meist einher mit eisigem Schweigen. Das Augenmerk sollte übrigens nicht auf verweigerter Sexualität liegen, sondern auf der verweigerten Nähe, die ja Grundvoraussetzung für eine erfüllende Sexualität ist. Sex ist natürlich wichtig in einer Beziehung, aber wenn man die ersten, stürmischen Monate überstanden hat, muss man auch meist nicht mehr täglich Sex haben, um sich gut zu fühlen.

Was man aber immer braucht, ist das Gefühl von Nähe. Nähe entsteht nicht nur durch Zärtlichkeiten, die man miteinander austauscht, sondern auch durch ein liebevolles Lächeln, eine kleine Geste, wie dem anderen mal im Gespräch die Hand auf den Arm zu legen, ihn oder sie im Vorbeigehen mal zu streicheln oder zu necken. Den Blick zu erheben, wenn der Partner den Raum betritt. Nähe entsteht durch ein angenehmes Gespräch. Aber selbst wenn man »nur« nebeneinander auf dem Sofa sitzt und fernsieht, oder jeder in ein Buch vertieft ist, kann trotzdem Nähe vorhanden sein. Man schaut immer mal auf, man schaut sich immer mal an, man lächelt ab und zu mal. Man schenkt sich ein Getränk ein, fragt den Partner, ob er auch eines möchte. Nähe entsteht durch viele tausend Kleinigkeiten und muss nicht unbedingt körperliche Nähe bedeuten.

Körperliche Nähe wird aber zumeist nach einem Streit fast schon überlebenswichtig. Wer sich anständig streitet, verträgt sich auch anständig wieder, das heißt: Gestritten wird nicht unterhalb der Gürtellinie, und wenn man wieder Frieden schließt, umarmt man sich, kuschelt sich aneinander, man hat körperlichen Kontakt. Das muss nicht unbedingt Sex bedeuten, aber es kann natürlich mit Sex enden.

Das Verweigern von Nähe zählt, wie das eisige Schweigen, zur Methode »Liebesentzug«. Die Nähe zu verweigern kann einfach durch entsprechende Körperhaltung erfolgen – die dann entsprechend distanziert ist. Es kann aber auch bedeuten, dass der Partner, der diese Methode anwendet, das gemeinsame Schlafzimmer verlässt, auf dem Sofa schläft oder gar das Haus verlässt. Mir ist auch schon erzählt worden, dass ein Partner seiner Freundin den Zutritt zum Schlafzimmer verweigert hat. Sie musste sich tatsächlich einen Schlafplatz suchen und er ließ ihr nicht mal ihr Bettzeug. Das sind sicher ganz besonders harte Ausnahmefälle, aber sie kommen vor.

Es gibt noch eine zweite Variante, da findet Sexualität zwar statt – aber ohne jede Nähe. Man kann beim Sex durchaus total weit voneinander entfernt sein: Wenn man nur gleichgültig daliegt und »es« über sich ergehen lässt. Oder wenn man sich nimmt, was man haben will, ohne jegliche Zärtlichkeit. Wenn man sich danach einfach umdreht und einschläft. Diese Form von Sex gibt dem anderen das Gefühl, benutzt zu werden, obwohl das sogar meist noch abgestritten wird – und dann ist die Verwirrung perfekt. Ob Mann oder Frau – beide Geschlechter spüren ganz deutlich eine schmerzhafte Distanz. Mit gleichgültigem und lieblosen Sex kann man einem Menschen durchaus zeigen, dass einem an ihm oder ihr nichts liegt. Es handelt sich aber oft um ein subtiles Bauchgefühl, das man gar nicht näher beschreiben könnte. Es scheint doch wieder alles gut zu sein, immerhin hat er/sie doch wieder mit mir geschlafen? Im tiefsten Inneren spürt man zwar, dass da viel Verachtung dabei war, aber man kann es nicht »greifen«.

Was du tun kannst:
Gehen. Das ist die einzige Empfehlung, die ich geben kann, denn nach allem was ich gehört und gesehen habe, wird solches Verhalten sich nicht bessern – es wird eher immer schlimmer werden. Einen Partner, der mir die Nähe verweigert, würde ich verlassen. Vielleicht nicht gleich. Vielleicht würde ich erst mal für ein paar Tage zu einer Freundin ziehen und irgendwann wiederkommen. Aber spätestens beim zweiten Mal würde ich diesen Menschen verlassen.

Es ist doch so, dass man eine Partnerschaft eingeht, weil man einen Menschen liebt. Wenn man einen Menschen liebt, heißt das noch lange nicht, dass man nicht auch mal sauer auf ihn sein könnte. Im Zusammenleben entsteht nun einmal so einiger Grund für »Knatsch«. Das ist normal.

Die Frage ist aber: Höre ich auf, meinen Partner zu lieben, wenn ich mich über ihn geärgert habe? Nein, sicher nicht! Warum also sollte ich mich verhalten, als würde ich ihn nicht mehr lieben? Das kann ja nur das Ziel haben, ihn zu verletzen. Aber wenn ich liebe, will ich ihn doch nicht verletzen, oder?

Es muss möglich sein, dem Partner zu sagen, wenn man sich geärgert hat. Nur so hat der Partner eine Chance, die Dinge zu ändern. Aber ich persönlich sehe es so, dass ich kein Recht habe, meinen Partner zu bestrafen, auch wenn ich mich über ihn geärgert habe. Das sind Erziehungsmethoden und wenn ich mir anmaße, meinen Partner zu erziehen, stelle ich mich über ihn. Das ist ekelhaft.

Eisiges Schweigen, das Verweigern von Nähe und Sexualität bedeuten Liebesentzug. Liebesentzug ist entwürdigend, setzt den anderen herab, zwingt ihn zu demütigem Verhalten und ist eine Form der Bestrafung. Die steht aber niemandem zu, will ich meinen.

Mein Rat wäre also definitiv, einen Partner zu verlassen, der solche Methoden anwendet. Spätestens beim zweiten Mal. Was du auf keinen Fall tun solltest: Demütig zu Kreuze kriechen und um Liebe betteln.

Dieser Liebesentzug wurde auch bei mir schon versucht. Ich war beim ersten Mal völlig perplex, denn ich hätte meinem Damaligen so was niemals zugetraut. Wir haben später darüber gesprochen und er sagte, er sei dann eben so, wenn er sich aufgeregt hätte. Ich sagte ihm: »Ja, aber nicht mit mir. Ich lasse mich nicht erziehen. Tu das nicht noch einmal.« Aber klar – es passierte wieder, und ich war stinksauer. Ich schnappte mir mein Bettzeug und schlief auf dem Sofa. Am nächsten Tag machte ich ihm klar, dass er zu gehen hat. Es war meine Wohnung. Da fing er sofort an, wieder freundlich zu werden. Man müsse doch wegen so einem kleinen Knatsch nicht gleich auseinandergehen, erfuhr ich. Aha? Ich bestand darauf, dass er geht. Er hingegen suchte nun als Reaktion darauf Nähe. Er trat auf mich zu und versuchte, mich in den Arm zu nehmen. Meine Reaktion? »Ist das nicht erniedrigend, wenn man die Nähe des Menschen sucht, den man liebt, und man wird auf Distanz gehalten?« Das fand er auch, na klar! Ich hatte ihn nämlich von mir weg geschoben und mein Blick war eisig. »Das fühlt sich an, als wird man nicht geliebt, oder?«, fragte ich. Er nickte. »Siehst du, deswegen will ich auch, dass du meine Wohnung verlässt und nicht mehr wiederkommst. Ich mag es nämlich nicht, mit jemandem zu leben, der mich nicht liebt.« Natürlich folgten Liebesschwüre. Ich habe mich breit schlagen lassen. Aber es gab ein drittes Mal und deswegen waren wir dann nicht mehr sehr lange zusammen. Beim dritten Mal half ich ihm beim Pakken.

Auch ich werfe nicht immer alles gleich hin, wie du siehst. Auch ich lasse mich noch mal drauf ein, jemandem eine zweite Chance zu geben. Wichtig ist aber, dass man sich darüber im Klaren ist, was da gerade passiert. Noch wichtiger, aber dafür braucht man eben diese Klarheit, ist, dass man dem Partner klarmacht, dass man sich das nicht gefallen lässt, dass man um seine Liebe auf keinen Fall betteln wird und der Schuss irgendwann nach hinten losgeht.

Unangemessene Dankbarkeit erzeugen

Ich bin nun lange genug Trainerin und habe genügend Kontakte gehabt in den letzten Jahren, um zu jeder Methode der emotionalen Erpressung eine passende Geschichte erzählen zu können. Zu dieser Methode, unangemessene Dankbarkeit zu erzeugen, könnte ich allerdings mit vielen Geschichten aufwarten und ich gebe zu, ich habe lange darüber gegrübelt, welche ich erzählen soll. Schließlich habe ich mich dafür entschieden, gar keine Geschichte dazu zu erzählen, denn sie sind viel zu vielfältig. Sie betreffen Frauen wie Männer und letzten Endes ist es so, dass diese Methode nur bei Menschen erfolgreich angewendet wird, die aus irgendeinem Grund – vielleicht sogar aus mehreren Gründen – ihren eigenen Wert anzweifeln.

Nach meiner Beobachtung gibt es so etwas wie »Risikogruppen«:
- Menschen, die sich für wenig attraktiv halten
- Menschen, die sich für weniger intelligent halten
- Geringverdiener und Arbeitslose
- Menschen, die mit einem Schuldenberg zu kämpfen haben
- Alleinerziehende
- Frauen oder Männer, die auf ziemlich brutale Art und Weise verlassen wurden und sich seither »entsorgt« fühlen
- Menschen mit Handicap

Häufig sind es einfach Menschen, die sich nicht für den Nabel der Welt halten, vielleicht auch Menschen, die davon überzeugt sind, dass sie nicht besonders hübsch sind, nicht besonders klug, nicht besonders erfolgreich. Das kann alles wirklich so sein – oder auch nur so empfunden werden. Tatsache ist, dass es unfassbar viele Gründe gibt, aus denen heraus ein Mensch sich minderwertig fühlen kann.

Es gibt Menschen mit einer ganz feinen Nase. Sie wittern die Minderwertigkeitsgefühle anderer, sie wittern deren Bedürfnisse. Grundsätzlich ist es ja so, dass so ziemlich jeder Mensch sich Liebe und Harmonie in seinem Leben wünscht, einfach glücklich sein möchte. Ein Mensch, der sich minderwertig fühlt – aus welchen Gründen auch immer, oft sind es mehrere Gründe – sieht überhaupt nicht, was er selbst zu geben hat.

Wer sich minderwertig fühlt, ist in großer Gefahr, an einen Partner zu geraten, der durchaus in der Lage ist, das Potenzial zu erkennen, das der betroffenen Person selbst überhaupt nicht bewusst ist.

Ich rolle es mal von der anderen Seite auf. Wir Menschen haben natürlich ein unterschiedlich großes Selbstwertgefühl. Manche Menschen haben Pech, müssen alle möglichen Niederlagen einstecken und haben darüber hinaus noch viele Situationen auf der menschlichen Ebene erlebt, die ihr Selbstwertgefühl untergraben haben. Andere haben Glück und hatten immer Menschen um sich herum, die sie niemals ihren eigenen Wert anzweifeln ließen, sie immer wieder aufgebaut haben.

Deswegen kann man natürlich nicht sagen, dass ein arbeitsloser Mensch mit einem hohen Schuldenberg automatisch unter einem schlechten Selbstwertgefühl leidet. Er kann sogar ein relativ gesundes Selbstwertgefühl haben, und das ist dann der Fall, wenn er Menschen um sich herum hat, die ihn selbst niemals an seinem eigenen Wert zweifeln lassen. Vielleicht auch, wenn er Erfahrungen gemacht hat, die ihm ein starkes Selbstwertgefühl gegeben haben.

Grundsätzlich aber ist das eine gefährdete Personengruppe, die durchaus an Menschen geraten können, von denen sie emotional erpresst werden. Meist mit dem Ziel, sie auszunutzen.

Kaum eine Person, die in irgendeiner Form diesbezüglich gefährdet ist, schätzt diese Gefahr realistisch ein, denn das ist ja die Krux an einem mangelnden Selbstwertgefühl: Man ist ja überhaupt nicht in der Lage zu verstehen, was man alles zu geben hat. Man hält sich schlichtweg für jemanden, der nichts Besonderes darstellt, nichts hat, nichts zu geben hat. Und ist froh und dankbar, wenn es jemanden gibt, der einen liebt –

trotzdem. Diese vielen Dinge, die man (vielleicht »trotzdem«) zu geben hat, sind uns in der Regel überhaupt nicht bewusst, weil wir sie für banal halten, für etwas, das der Mensch, den wir lieben, an jeder Ecke kriegen könnte.

Selbstwertgefühl hängt sehr oft mit Erfolg zusammen, aber Erfolg ist natürlich keine Garantie für Selbstwertgefühl. Am Ende hängt das Selbstwertgefühl immer von der Sichtweise ab, die man auf sich selbst hat. Und so kann es sogar ganz gut sein, dass ein attraktiver Mensch, der beruflich erfolgreich ist und finanziell verdammt gut dasteht, unter fürchterlichen Minderwertigkeitsgefühlen leidet, während ein weniger attraktiver Mensch mit einem eher geringen Einkommen nur so strotzt vor Selbstbewusstsein.

Tatsache ist, dass die Gefahr, in eine destruktive Beziehung zu geraten, bei einem Menschen mit einem schlechten Selbstwertgefühl sehr hoch ist und dass es tatsächlich Risikogruppen gibt, die gefährdeter sind als andere Menschen.

Wenn du jemanden kennenlernst, bei dem du denkst: »Wow, ausgerechnet so jemand interessiert sich für mich?«, dann schau genauer hin! Zuerst aber schau nach dir selbst. Warum denkst du so? Wenn du so denkst, ist das ein ganz deutliches Zeichen dafür, dass dein Selbstwertgefühl nicht besonders hoch ist und du den Menschen, der sich gerade für dich interessiert, in seinem Wert weit über dich selbst stellst. Das kann man diesem Menschen nun nicht vorwerfen, denn noch hat er ja nichts getan, was dir schadet. Du bist ja in diesem Moment der Mensch, der sich freiwillig klein macht, den anderen über dich selbst stellst.

Aber er könnte dir schaden. Denn wenn du es nicht fassen kannst, dass sich ein so toller Mensch für dich interessiert, ist das ein ganz deutliches Zeichen, dass du erst mal an deiner Denkweise, an deinem Selbstwertgefühl arbeiten müsstest.

Doch wie das Leben so spielt – es ist auch menschlich ganz normal, dass man sich in seiner Begeisterung mitreißen lässt und einfach nur glücklich ist, dass sich eine solche Chance bietet. Soll man die jetzt verstreichen lassen? Abwarten, bis die

Schulden bezahlt sind, bis man finanziell mithalten kann, einen neuen Job hat? Natürlich nicht. Aber genau hinschauen. Wenn du dich so fühlst, ist es vielleicht kein schlechter Rat, eine Therapie zu machen – ja, das meine ich ernst. Ein niedriges Selbstwertgefühl lässt Menschen immer wieder scheitern, weil sie aus eben diesen Minderwertigkeitsgefühlen heraus immer wieder dazu neigen, andere Menschen aufzuwerten, und sich selbst immer mehr abzuwerten.

Du kannst davon ausgehen, dass andere Menschen es immer spüren werden, wenn dein Selbstwertgefühl angeschlagen ist – oder du dich sogar ganz und gar minderwertig fühlst. Hast du es mit Menschen zu tun, die dich wirklich lieben, werden sie dich darin unterstützen, selbstbewusster zu werden. Vielleicht schaffen sie das auch nicht – aber das ist ja auch eigentlich nicht ihre Aufgabe. Ein Partner soll uns nicht therapieren, kann es auch nicht. Er (oder sie) soll uns lieben, mehr nicht.

Ungünstig ist aber, wenn man mit geringem Selbstwertgefühl ausgestattet ist und an einen Menschen gerät, der dieses Selbstwertgefühl immer weiter untergräbt. Und da ist die Methode der emotionalen Erpressung, unangemessene Dankbarkeit zu erzeugen, ein todsicherer Weg ans Ziel eines emotionalen Erpressers!

Unangemessene Dankbarkeit kann ganz einfach erzeugt werden, wenn ein Mensch ohnehin nicht von sich selbst überzeugt ist. Die Minderwertigkeitsgefühle werden verstärkt und das geschieht häufig auf eine sehr subtile Art und Weise und über einen längeren Zeitraum.

Ich werde keine Beispiele bringen, weil die Geschichten, die ich zu diesem Thema kenne, viel zu dramatisch verlaufen sind. Ich müsste so viele Details erzählen, damit diese Methode und was sie anrichten kann, verstanden wird und ich bin mir überhaupt nicht sicher, ob diese wirklich fiese Nummern überhaupt von Menschen nachvollzogen werden kann, die so etwas noch nie erlebt haben. Die Betroffenen, die mir ihre Geschichten erzählt haben, fassen sich heute alle selbst an den Kopf und fragen sich, ob sie eigentlich völlig doof waren, dass sie das Spiel nicht durchschaut haben und zuließen, dass sie ruiniert wurden – menschlich, beruflich, finanziell. Ich sage dazu: Nein, waren sie nicht. Manche von ihnen sind sogar überdurchschnittlich intelligent, die meisten haben eine Menge Fähigkeiten, und viele sind sogar sehr, sehr attraktiv. Aber irgendwie halten – oder hielten – sie das für wenig wertvoll.

Emotionale Erpresser, die sich deine Minderwertigkeitsgefühle zunutze machen wollen, um unangemessene Dankbarkeit zu erzeugen, verraten sich eigentlich auch selbst. Diese Form der emotionalen Erpressung kommt nämlich nur selten in einer akuten Konfliktsituation zum Vorschein, sondern meist schon vorher. Vorbeugend sozusagen. Mit der Zeit wirst du immer kleiner und wirst dich – völlig unangemessen – darum bemühen, dass der andere sich bei dir und mit dir wohl fühlt.

Wenn du Sätze wie diese schon mal gehört hast, mach dir bitte Gedanken:
- Ich könnte was Besseres/Hübscheres/Erfolgreicheres haben, aber ich liebe nun mal dich.
- Deine Kinder sind schon eine Belastung für mich, aber gut, da muss ich eben durch …
- Mir ist schon klar, dass ich immer der/die sein werde, der/die am meisten Geld ins gemeinsame Leben investiert, aber was soll ich machen, ich liebe dich eben
- Meine Eltern verstehen nicht, dass ich mich ausgerechnet auf dich eingelassen habe, wo ich doch so viel andere Chancen gehabt hätte
- Das Leben mit dir bremst mich ganz schön aus, aber ich nehme es eben in Kauf
- Dann muss ich eben im Restaurant für dich mit bezahlen, sonst können wir ja niemals essen gehen.
- Es bedeutet für mich schon eine Menge Verzicht, dass du dir keinen Babysitter leisten kannst – dieses Zuhausesitzen geht mir auf die Nerven.

So was geht auch ganz subtil, das heißt, dein Partner muss dir gar nicht selbst sagen, wie dankbar du ihm sein müsstest – eigentlich. Er kann dich auch wissen lassen, was andere Leute denken. »Mein bester Freund ist ja voller Bewunderung, weil ich mit einer Frau zusammen bin, die schon Kinder hat, weil wir ja deswegen kaum weggehen können.« Wenn diese Methode funktioniert, wirst du alles für ihn tun, wenn er bei dir ist, damit er bloß nichts vermisst – schließlich könnt ihr ja nicht ausgehen. Die richtig miese Nummer ist, den besten Freund gleich richtig auf dich anzusetzen. Wenn er dir erzählt, in einem persönlichen Gespräch, dass er sehr überrascht ist, weil dein Liebster es bei einer Frau mit Kindern aushält, steckt möglicherweise eine ganz fiese Manipulation dahinter. Wenn der Freund dann auch noch sagt: »Hoffentlich weißt du es zu schätzen, so kenne ich den nämlich nicht!«, dann heißt das nicht, dass du was Besonderes bist, weil du so was erreicht hast bei diesem Menschen. Nein, es ist so formuliert, damit man keinen fiesen Satz hat, den man greifen könnte. Mit dieser Formulierung wird dir aber klar gemacht, dass du besser ganz, ganz lieb bist zu diesem tollen Menschen, für den du hoffentlich mega dankbar bist. Es gibt tatsächlich »Freunde«, die sich für so was hergeben.

Es ist unmöglich, all das aufzuzählen, was zu dieser Methode gehört. Du musst dir bitte grundsätzlich sehr große Gedanken machen, wenn dein Partner dir irgendwie das Gefühl vermittelt, dass er über dir steht, dass du froh sein kannst, wenn er bei dir bleibt, dich liebt oder für dich da ist. Du musst dir ganz große Gedanken machen, wenn dein Partner (oder auch deine Partnerin!!!) dir das Gefühl gibt, dass du dankbar sein musst für irgendetwas, was er/sie dir zu geben hat. Wenn du an irgendeinem Punkt das Gefühl hast, dass dein Partner dich als minderwertig ansieht, mach dir ganz große Gedanken!

Mach dir an dieser Stelle vor allem Gedanken über dich selbst, und frag dich ruhig einmal, warum dieser Mensch überhaupt mit dir zusammen ist. Wenn du nicht attraktiv genug bist, nicht klug genug, nicht erfolgreich genug bist, dir nichts leisten kannst, Kinder aus einer früheren Beziehung hast, oder vielleicht ein bisschen mehr Gewicht auf die Waage bringst… muss es trotzdem irgendwas geben, was diesen Menschen bei dir hält. Du hast viel zu geben, viel mehr als du glaubst.

Oft ist es übrigens nur die narzisstische Neigung eines dominanten Partners, sich selbst über einen anderen Menschen zu erhöhen. Das sind schwache Menschen, die sich gezielt Menschen suchen, die sie fertig machen können, um sich selbst besser zu fühlen.

Mit anderen Worten: Nimm die Beine in die Hand und lauf, denn du wirst einen solchen Menschen niemals davon überzeugen, dass du wertvoll bist – schon gar nicht, wenn du dich selbst nicht für wertvoll hältst.

Täter und Opfer

Menschen, die andere Menschen emotional erpressen, sind Täter. Sie schaffen es aber meist, sich als Opfer zu präsentieren. Vor allem stellen sie das wirkliche Opfer, nämlich den Menschen, den sie emotional erpressen, als Täter dar. Das wahre Opfer hat häufig kaum eine Chance, kein schlechtes Gewissen zu bekommen, keine Schamgefühle aufzubauen, sich nicht schlecht zu fühlen. Kein Wunder, wenn da ständig jemand ist, der dich in jeder Minute des Tages mit Tränen konfrontiert, dir von seiner Schlaflosigkeit oder den Albträumen berichtet, dich daran erinnert, dass die Kinder unendlich leiden, dir Egoismus vorwirft, musst du dich ja schlecht fühlen. Wirst du auch noch daran erinnert, was der andere alles für dich getan hat, worauf er für dich verzichtet hat, welche Opfer er oder sie gebracht hat, nur damit du glücklich bist, wird ein Automatismus aus Schuld- und Schamgefühlen, Sorge und Angst ausgelöst.

Emotionale Erpressung klappt häufig über einen langen Zeitraum sehr gut. Wenn ein Mittel funktioniert, wird es wieder und wieder Anwendung finden. Sie funktioniert in den meisten Fällen so lange, bis das wahre Opfer die Situation nicht mehr aushält und nur noch weg will, nur noch aus der Beziehung raus will und den Täter in seiner ganzen Art nicht mehr ertragen kann. Viele Menschen, die sich von einem Partner trennen, der sie immer wieder emotional erpresst hat, wollten sich schon lange trennen, schaffen es aber erst, wenn das Fass überläuft oder die Anreize von außen zu groß geworden sind. Schuld- und Schamgefühle sind ein probates Mittel, um Menschen zum Schweigen und zum Ausharren bringen.

Problematisch ist, dass wir in all unseren Beziehungen Muster übernehmen. Das beginnt natürlich im Elternhaus und in der Beziehung zu unseren Eltern und Geschwistern, zieht sich durch die gesamte Familie, durch spätere Freundschaften und natürlich durch alle unsere Beziehungen, die wir m Laufe eines Lebens führen. Ein Mensch, der schon im Elternhaus gelernt hat, dass emotionale Erpressung funktioniert, wird sie immer wieder anwenden, in jeder Beziehung, in jeder Freundschaft. Haben wir emotionale Erpressung in unserem Elternhaus Tag für Tag erlebt, tragen wir die Methoden wahrscheinlich sogar in uns – vollkommen unbewusst. Der Vater hat sich tagelang hinter eisigem Schweigen versteckt? Die Mutter huschte in diesen Tagen möglichst unauffällig und leise durchs Haus? Wir übernehmen solche Muster! Es geht auch anders herum: Die Mutter verhielt sich tagelang zickig und beleidigt? Der Vater schlich tagelang um sie herum und versuchte, sie wieder freundlich zu stimmen? Auch das übernehmen wir unbewusst.

Manchmal passiert es auch, dass junge Menschen noch andere Einflüsse erleben und dadurch ins Grübeln kommen. Einflüsse, die sie begreifen lassen, was in ihrem Elternhaus passiert. Dann lernen sie im Optimalfall, diese Dinge richtig zu deuten und reagieren mit Zorn auf Versuche der emotionalen Erpressung. Wenn das nicht so ist und Muster übernommen werden, so werden sie später Täter oder Opfer, je nachdem wie stark der Partner oder die Partnerin ist, an die sie geraten.

Es kann gut sein, dass ein Täter irgendwann einmal an seinen Meister gerät und erfährt, wie es ist, Opfer emotionaler Erpressung zu sein. Unter Umständen kann es passieren, dass dann ein Umdenken geschieht, dass aus einem Täter ein Opfer wird. Umgekehrt geht das natürlich ebenso. Jemand, der immer wieder Opfer emotionaler Erpressung war, kann unter Umständen in einer nachfolgenden Beziehung selbst zum Täter werden. Auch wenn wir uns innerlich gegen solche Methoden wehren, bietet es sich gelegentlich doch an, sie einzusetzen. Möglicherweise geschieht das nicht einmal bewusst.

Den typischen Täter und das typische Opfer gibt es nach meinen Beobachtungen nicht. Männer erpressen emotional, Frauen tun es auch. Frauen haben häufig schon im Elternhaus gelernt, dass ein paar herausgedrückte Tränchen enorm effektiv sein können, wenn Ziele erreicht werden sollen. Jungs beobachten hingegen beim eigenen Vater, dass beleidigtes Schweigen oder Drohungen sehr gute Mittel sind, um zu erreichen was man will. Trotzdem gibt es ebenso viele beleidigt schweigende Frauen wie heulende Männer, wenn irgendwo emotionale Erpressung im Spiel ist. Und niemand, der sich in einer Phase seines Lebens darüber bewusst wird, dass er immer Opfer war, ist davor sicher, irgendwann nicht einmal selbst zum Täter zu werden.

So wie viele Menschen in ihren Herkunftsfamilien oder auch während ihrer späteren Entwicklung die Regeln erwachsener, gesunder Kommunikation lernen, so wachsen auch viele Menschen mit emotionaler Erpressung auf. Man kann also durchaus behaupten, dass Menschen die Mittel und Wege der emotionalen Erpressung bereits in ihren Herkunftsfamilien erlernen.

Ich selbst kann mich noch gut an eine Situation erinnern: Ich war noch ein Kind, nicht einmal zehn Jahre alt. Meine beste Freundin wollte irgendwas von mir haben, das ich ihr nicht geben wollte – ich kann mich leider nicht mehr erinnern, was es war. Aber was sie sagte, ist sehr lebendig, als sei es gestern erst passiert: »Dann bin ich nicht mehr deine Freundin!« Solche Dinge habe ich auch später beobachtet, als ich eigene Kinder hatte. Auch meinen Kindern wurde oft gesagt, die Freundschaft sei beendet, nur weil sie nicht so funktioniert haben, wie ihre Freunde das wünschten. Emotionale Erpressung ist also keine Frage der Generation oder der Zeit, in der man aufgewachsen ist. Sie ist allgegenwärtig, es hat sie schon immer gegeben und es wird sie wahrscheinlich immer geben.

Wenn Eltern ihren Kindern verdeutlichen, dass sie sich in einer bestimmten Weise verhalten müssen, weil sie, die Eltern, sonst unglücklich sind oder gar krank werden, vielleicht vor Kummer sterben, handelt es sich um emotionale Erpressung. Andererseits lernen auch Kinder sehr schnell, ihre Eltern emotional zu erpressen, wenn sie spüren, dass die Eltern wegen irgendetwas ein schlechtes Gewissen haben. Das ist häufig der

Fall, wenn Eltern voll berufstätig sind und wenig Zeit haben, wenn Eltern sich scheiden lassen oder wenn irgendetwas passiert, durch das Kinder spüren, dass die Eltern Dinge wieder gut zu machen versuchen. Ein sehr schlechtes Vorbild sind natürlich auch Eltern, die sich gegenseitig emotional erpressen. Wirklich perfide ist, dass man seine eigene Situation genau analysieren muss, um festzustellen, ob man selbst zu emotionaler Erpressung neigt oder sich erpressen lässt. Menschen, die mit emotionaler Erpressung aufgewachsen sind, werden sich aber insbesondere dann, wenn sie Opfer sind, obwohl sie als Täter dargestellt werden, kaum Gedanken machen. Es sind immerhin vertraute Situationen, die man erst einmal als emotionale Erpressung erkennen muss.

Töchter von beleidigt schweigenden Vätern lassen sich später in ihren Beziehungen meist recht gut mit Schweigen ruhig stellen und zum Funktionieren bringen. Ein Sohn, der von seiner Mutter stets hörte, dass sie für ihn so viele Opfer gebracht hat, wird auch einer späteren Partnerin gegenüber ein schlechtes Gewissen empfinden, wenn sie ihn auf die Opfer hinweist, die sie für ihn erbracht hat.

Emotionale Erpressung ist ein ganz böser Kreislauf, den du nur durchbrechen kannst, wenn du dein eigenes Verhalten sehr genau und wirklich ehrlich analysierst. Und das Problem ist, dass wir alle schon einmal emotional erpresst haben. Der eine mehr, der andere weniger. Auch ich habe schon Mittel der emotionalen Erpressung angewendet. Natürlich ohne es zu wollen. Aber es ist auch mir passiert. Ich heule normalerweise nicht vor anderen Menschen, aber ich habe geheult, weil ich wusste, dass mein damaliger Partner es nicht ertragen kann, wenn ich heule. Ziel erreicht. Ich bin darauf nicht stolz, denn den Konflikt konnten wir nicht lösen. Ich habe es mit meiner Heulerei verhindert, denn er hat ja klein beigegeben. Der damalige Partner hat mich ebenfalls emotional erpresst und ich habe es nicht einmal gemerkt. Es waren Verhaltensmuster, die ich aus meiner Kindheit kannte. Die Kunst ist, es irgendwann zu merken.

Das heißt auch nicht, dass man dann stets davor geschützt ist, Opfer zu sein oder Täter zu werden. Das Leben konfrontiert uns immer wieder mit allen möglichen Situationen und die Herausforderung besteht darin, immer wieder alles zu analysieren, zu erkennen, zu unterbinden – oder sich zu lösen.

Deswegen halte ich es für sehr wichtig, dass man sich mit den Mitteln und Wegen der emotionalen Erpressung auseinandersetzt. Nicht mit dem Ziel, sie anzuwenden. Eher mit dem Ziel, ihnen niemals zum Opfer zu fallen. Aber auch und vor allem mit dem Ziel, sie niemals selbst anzuwenden, denn sie sind verachtungswürdig.

Abwertung

Ich weiß nicht, ob es dir bewusst geworden ist beim Lesen: Aber emotionale Erpressung ist viel mehr als das. Sie bedeutet nicht nur, dass dein Erpresser bei dir schlechte Gefühle erzeugt, die dich dazu bringen sollen, in seinem oder ihrem Sinne zu handeln. Es bedeutet auch, dass du abgewertet wirst durch deinen Erpresser. Er stellt sich über dich. Sein Wille zählt, deiner nicht.

Wirft dir dein Partner irgendwas vor und behauptet, du würdest ihn nicht lieben, weil du dies oder das sonst nicht tun würdest – dann wertet er deine Liebe ab. Er stellt außerdem seine Bedürfnisse über deine. Du sollst etwas nicht tun – und damit den ultimativen Liebesbeweis erbringen. Das ist, je nachdem, um was es geht, erniedrigend. Für dich!

Umgekehrt, wenn du etwas tun sollst, um deine Liebe zu beweisen, geht es um etwas, was du eigentlich nicht tun willst. Auch in diesem Fall stellt sich dein Partner mit seinen Bedürfnissen über dich. Das heißt, du, deine Meinung, deine Bedürfnisse, deine Sichtweisen sind für ihn weniger wert als seine. »Wenn du mich liebst, wirst du das für mich tun«, das bedeutet für dich einen Verzicht auf etwas, was dir am Herzen liegt, oder aber du musst etwas tun, was du nicht tun willst. Warum ist die Forderung deines Partners wichtiger als deine Einstellung zum jeweiligen Thema? Wenn von dir etwas verlangt wird, damit der andere glücklich ist – was ist mit deinem eigenen Glück? Ist das weniger wichtig? Ja, in den Augen des anderen offenbar schon!

Etwas schärfer sind dann schon die moralischen Vorwürfe. »Man« macht so was nicht – das was du gemacht hast. »Man« geht nicht alleine aus, wenn man in einer Beziehung ist, »man« betrinkt sich nicht, »man« hat keinen Spaß, »man« lässt nicht die Hausarbeit liegen, weil ein Buch spannender ist. Wer ist »man«? DU bist das. In diesem Sinne wird nicht das abgewertet, was du getan oder nicht getan hast, sondern du als Person. Denn du hast dich moralisch nicht einwandfrei verhalten. »Man macht so was nicht«, es sei denn, man ist verdorben. Du wirst hier als die Person abgewertet, die du bist.

Eine Abwertung stellt es auch dar, wenn sich dein Partner oder deine Partnerin als dein Opfer präsentiert. DU hast ihm/ihr das angetan. Du, weil du ein Täter bist. Die Opferschiene wird auch gefahren, wenn andere Menschen involviert werden: deine Freunde, deine Familie. Sie sollen dir klar machen, wie du denken und fühlen solltest. Das ist Abwertung, denn es stellt dein eigenes Denken und Fühlen infrage. Es stellt dich auch als Person infrage, denn du wirst nicht ernst genommen. Vielleicht fügst du dich ja, wenn deine Freunde oder deine Familie verbal auf dich einbrasseln, vielleicht verhältst du dich ja dann so, wie es von deinem Partner oder deiner Partnerin gewünscht ist. Aber bist du damit glücklich? Du fügst dich doch nur. Dein Glück, dein Denken, dein Fühlen – das soll unterdrückt werden. Und damit du!

Wer dir vorwirft, ja ach so viel für dich getan zu haben, stellt sich ebenfalls als Opfer hin. Nur, wer sagt denn bitteschön, dass du nichts getan hast für diesen Menschen? Wahrscheinlich hast du genauso viel getan, aber du hast es dir nicht gemerkt. Dein Partner schon. Mit all dem, was er/sie für dich getan hat, wirst du abgewertet. Es heißt nämlich: »Aber du brauchst mich.« Selbstmorddrohungen oder die tonlose Feststellung, das eigene Leben hat ohne dich keinen Sinn mehr, ist auch nichts anderes. Du, deine Pläne, deine Träume und Wünsche, all das soll unterdrückt werden – und damit auch dein persönliches Glück. Es ist in den Augen des Täters weniger wert als sein eigenes Glück und seine eigenen Pläne.

Und umgekehrt: Da droht dir jemand damit, dich zu verlassen, wenn du nicht spurst. Wenn du nicht so handelst, wie gewünscht. Du bist also nur wertvoll für den anderen, wenn du in seinem Sinne funktionierst? Wenn es jemand gut mit dir meint, ist das (vielleicht nicht immer, aber meist) auch eine Abwertung. Du zählst nicht. Der andere aber weiß ganz genau, was gut für dich ist. Du natürlich nicht!

Wenn dich jemand an gemeinsame Verpflichtungen erinnert, oder an Opfer, die man für dich erbracht hat, ist das ebenfalls Abwertung. Oder bist du etwa nur wertvoll, weil ihr gemeinsame Verpflichtungen habt, und solange du diesen nachkommst? Und wenn man für dich Opfer gebracht hat – hast du sie verlangt? Wahrscheinlich nicht. Aber ist jetzt dieser Mensch, der Opfer für dich gebracht hat, die du nie verlangt hast, tatsächlich wertvoller als du? Nein, natürlich nicht. Aber warum zum Teufel, fühlt sich das dann so an?

Beleidigtes Schweigen, das Verweigern von Nähe und Sexualität oder das Erzeugen einer unangemessenen Dankbarkeit ist Abwertung pur – und auch ganz deutlich als Abwertung zu erkennen. Du funktionierst nicht, deswegen bist du diesem Menschen es nicht wert, dass er dich wahrnimmt und mit dir spricht. Du funktionierst nicht, wie er/sie das will, deswegen wird dir jede Form von Nähe verweigert. Du bist wertlos, und das bekommst du jetzt gezeigt. Unangemessene Dankbarkeit zu erzeugen ist überhaupt die heftigste Form von Abwertung, oder sagen wir es so: Es ist die Form, die man am besten als Abwertung erkennen kann. Da wird dir nämlich in regelmäßigen Abständen klar gemacht, dass du wertloser bist als dein Partner oder deine Partnerin. Dass du vielleicht ganz und gar wertlos bist und froh sein musst, dass man sich mit dir abgibt.

Niemand ist wertloser als ein anderer Mensch, deswegen kann der andere auch nicht wertvoller sein. Emotionale Erpressung kann dich – je nachdem wie oft und wie heftig sie ausgeübt wird – zerstören, dich krank machen. Die darin enthaltene Abwertung deiner Person zerstört allerdings auch sehr viel, nämlich dein Selbstwertgefühl.

Manche haben es anders gelernt

Nicht jeder, der emotional erpresst oder sich emotional erpressen lässt, hat diese Muster von zu Hause übernommen. In vielen Elternhäusern verlief die Kommunikation vorbildlich. Das heißt aber nicht, dass man davor geschützt ist. Auch die späteren Beziehungen oder Freundschaften, angeheiratete Familienmitglieder oder Kameraden aus Vereinen können einen Menschen – obwohl bereits erwachsen – durch emotionale Erpressung an den Rand der Verzweiflung bringen.

Wer so etwas überhaupt nicht kennt und deswegen nicht als Muster verinnerlicht hat, reagiert möglicherweise erst einmal geschockt auf emotionale Erpressung und fügt sich vielleicht fast schon automatisch in sein Schicksal: Bekommt also wie gewünscht ein schlechtes Gewissen, Schuldgefühle, Schamgefühle, und handelt vielleicht sogar ein, zwei Mal im Sinne des Erpressers. Auch wenn emotionale Erpressung kein uns vertrautes Muster ist, müssen wir erst einmal erkennen, mit was wir es hier zu tun haben. Gerade Menschen mit einem gesunden Bewusstsein für gute Kommunikation fühlen sich bei einer Konfrontation mit emotionaler Erpressung erst einmal wie vor den Kopf geschlagen und müssen zunächst verstehen, mit welchen Methoden das Gegenüber arbeitet - und was da gerade passiert.

Nun steht natürlich die Frage im Raum, ob man sich immer gleich trennen muss, wenn man spürt, dass der Partner diese Mittel anwendet, um uns gefügig zu machen? Nein, das muss man nicht. Aber es ist ein Spiel, das zwei Spieler benötigt. Wie Tischtennis. Zwei Spieler spielen sich gegenseitig immer wieder den Ball zu. Wenn einer der beiden nicht mehr mitspielt, kann das Spiel nicht funktionieren. Die Bälle, die der einzige, der überhaupt noch spielt, in die andere Richtung schlägt, schlagen irgendwo auf, aber nicht beim Gegenspieler. Sie fallen auf den Boden.

Ebenso verhält es sich mit der emotionalen Erpressung. Wenn ein Spieler den Ball in deine Richtung schlägt, aber du nimmst ihn nicht auf, fällt der Ball ins Leere. Wenn du weißt, wie emotionale Erpressung aussieht, erkennst du sie auch. Wenn du sie erkennst, kannst du dich dafür entscheiden, das Spiel nicht mitzuspielen. Wenn du nicht mitspielst, ist dein Gegenüber gezwungen, eine andere Kommunikation zu üben. Vielleicht eine Gesündere? Eine achtsame Form der Kommunikation, in der ihr beide euch auf Augenhöhe begegnet und über den Konflikt sprecht, der eurer Sache zugrunde liegt? Durch emotionale Erpressung werden Konflikte nicht gelöst. Sie werden beiseite geschoben, unterdrückt und geleugnet. Wo ein Konflikt ist, entstehen mehrere Konflikte. Sie bauen sich auf und können zu einem riesigen Turm werden.

Emotionale Erpressung bei Trennungen

Du kannst dich nicht trennen, denn dein Partner hat so viel für dich getan? Oder du hast Angst, er tut sich was an? Oder weil du fürchtest, dass er deinen Verlust nicht verkraften kann? Zum Alkoholiker wird, nur wegen dir? Obwohl dieser Mensch so viel für dich getan hat? Es doch nur gut meint? Am Anfang sind es die Schuldgefühle, an die appelliert wird. Es folgen die Schamgefühle, weil dir verdeutlicht wird, was für ein harter, eiskalter, schlechter Mensch du bist, der nicht sehen will, was und wer gut für ihn ist. Meist tritt sogar Schuld und Scham gemeinsam auf, und zwar während du voller Mitleid bist, weil dieser arme Mensch so leidet, es ihm (wegen dir) so schlecht geht. Und schon hast du Skrupel, deine Entscheidungen umzusetzen. Du musst diesen Mechanismus in dir erst einmal selbst verstehen, um dich davor schützen zu können. Ansonsten bleibst du gefangen in einem Korsett, das dir die Luft zum Atmen nimmt und nur einen Menschen glücklich macht: den emotionalen Erpresser.

Ich wage aber zu behaupten, dass dieser dann auch nicht wirklich glücklich ist. Er musste nur nicht aufgeben, was er behalten wollte. Das hat nichts mit Liebe zu tun und kann keinen von beiden glücklich machen. Es geht also nur um persönliche Interessen, und nicht um Gefühle, auch wenn emotionale Erpresser ganz stark auf der Gefühlsebene herumreiten.

Sage deutlich »nein«. Lass dich nicht durch Weinen, Jammern, Betteln und Beschwörungen von deinem »nein« abbringen. Ein »nein«, das man zurücknimmt, weil man sich aus Mitleid erweichen ließ, macht auch das nächste »nein« unglaubwürdig. Ein einmal zurückgezogenes »nein« zeigt dem anderen, dass man dich nicht ernst nehmen muss, denn du lässt dich überzeugen und überreden.

Rechtfertige dich nicht für dein »nein«. Du musst dein »nein« nicht erklären. Mit Erklärungen lieferst du dem Menschen, der mit emotionaler Erpressung arbeitet, nur den Hinweis darauf, dass du dich in Diskussionen verstricken lässt. Wenn du dich auf Diskussionen einlässt, musst du damit rechnen, dass deine Worte gefiltert werden. Das heißt, der andere hört nur das, was er hören will – und er hört Dinge, die er gegen dich verwenden kann, um dich vielleicht noch effektiver emotional erpressen zu können. Jede Diskussion, die du führst, gibt dem anderen wieder Anlass für eine nächste Diskussion. Wenn du keine andere Chance hast, einer Diskussion zu entkommen, entzieh dich ihr, indem du gehst. Verlass den Raum, das Haus, geh auf Abstand. Ihr lebt zusammen, und das ist so schnell nicht auflösbar? Das macht nichts! Entziehe dich der Diskussion jedes Mal aufs Neue. Das ist zwar erst einmal unbequem, wenn du für ein paar Stunden oder sogar Tage die gemeinsame Wohnung verlassen musst, obwohl du nach einem harten Tag auf die Couch wolltest – aber es wirkt. Irgendwann hast du Ruhe vor Diskussionen, aus dem einfachen Grund: Deine Abwesenheit ist ja nicht das, was der emotionale Erpresser wollte.

Denke immer daran: Kein Mensch möchte an irgendetwas schuld sein. Schon gar nicht daran, dass es dem anderen schlecht geht. Wer diesbezüglich besonders empfindlich ist, entwickelt sehr schnell Schuldgefühle. Wenn ein emotionaler Erpresser weiß, wie er Schuldgefühle bei dir provozieren kann, wird er es auch tun. Im Idealfall kennst du also nach der Lektüre dieses Buches die Spielregeln, erkennst das Verhalten und verhältst dich entsprechend gelassen – und konsequent. Angstgefühle, Schuldgefühle, ein schlechtes Gewissen – das ist meist künstlich erzeugt, und das sehr berechnend. Es ist nicht echt!

Überprüfe dich selbst!

Es ist sehr leicht, bei Schwierigkeiten und Problemen mit dem Partner nach Informationen zu stöbern, sich zu fragen, was mit ihm wohl nicht stimmt und warum er so ist wie er ist, so reagiert, wie er reagiert. Sehr viel schwerer ist es natürlich, sich selbst dahingehend zu überprüfen, ob man vielleicht auch Methoden der emotionalen Erpressung anwendet. Wenn man sich ganz ehrlich mit sich selbst auseinandersetzt und feststellt, dass man vielleicht auch in der einen oder anderen Situation zu solchen Methoden neigt, tut das ganz schön weh. Das heißt nämlich, dass man an sich arbeiten muss, denn wer Menschen emotional erpresst, muss mit einer Menge unangenehmer und nicht gewünschter Reaktionen rechnen. Aber darum geht es ja nicht alleine. Es ist einfach in höchstem Maße unfair und es gehört sich einfach nicht, so zu agieren. Darüber hinaus erzeugt emotionale Erpressung ja niemals etwas Positives, auch wenn es erst mal so aussehen mag. Im Gegenteil – sie erzeugt negative Gefühle. Und das Ergebnis, auch wenn es so gewünscht wurde, ist nicht echt. Will man das? Eigentlich doch nicht!

Worauf ich hinaus will ist, dass ich schon viele Gespräche mit Menschen geführt habe, die sich über eisiges Schweigen ihres Partners beklagt haben. Darüber, dass die Partnerin zornig die Wohnung verlässt, nicht mehr erlaubt, dass man mit dem Hund Gassi geht oder das Kind vom Kindergarten abholt. Gespräche, in denen nach und nach an die Oberfläche trat, dass diejenigen, die sich emotional erpresst fühlten, eigentlich selbst erpresst haben. Ohne es zu merken.

Es ist wie es ist: Emotionale Erpressung ist ein Muster, das die allermeisten von uns schon in frühester Kindheit und in ihren Herkunftsfamilien erlernt haben. Manche haben es rechtzeitig bemerkt und die Kurve bekommen. Andere haben einfach nie verstanden, dass sie mit genau den Methoden arbeiten, unter denen sie immer gelitten haben.

Ich halte es immer und in jeder Lebenslage für ganz, ganz wichtig, dass man sich mit seinen eigenen Anteilen an den jeweiligen Situationen beschäftigt. Ich möchte auch gerne ein Beispiel dafür bringen, das ich selbst im entfernten Bekanntenkreis erlebt habe.

Es ging um eine ziemlich tolle und sehr nette Frau, die viele Jahre lang mit ihrem Partner zusammen war. Alle dachten immer, die beiden würden sich niemals trennen, aber eines Tages war zu merken, dass es da mindestens eine Krise gab. Sie schlich nur noch mit Leidensmine herum, suchte nach einer gewissen Zeit auch aktiv die Gespräche mit ihren engeren Freunden, bat um Unterstützung. »Jemand« sollte ihm mal klar machen, dass er »das« nicht bringen kann, was er da vor hatte. Der Mann wollte sich trennen, darum ging es. Ich will die Ausgangssituation überhaupt nicht bewerten, aber es ging einfach darum, dass er sie nicht mehr liebte. Warum auch immer, das war eben so und nicht mehr zu ändern. Er brauchte etwas länger für diese Erkenntnis, aber dann kam sie eines Tages über ihn. Er wollte kein verlogenes Leben führen, sie nicht betrügen, sondern sich fair trennen. Aber sie machte es ihm ziemlich unmöglich. Sie litt ganz offensichtlich, und zwar so, dass es nicht nur er dauerhaft sah, sondern auch alle anderen Menschen in ihrem Umfeld. Ständig wies sie darauf hin, dass sie nicht mehr schlafen kann, dass sie sich permanent die Augen aus dem Kopf heult, dass das Leiden einfach nicht geringer wird, sondern schlimmer. Sie vernachlässigte nicht nur sich, sondern auch ihren Job und ihren Haushalt und all das hatte auch Konsequenzen. Man sprach sie auf ihr neuerliches, sehr schmuddeliges Auftreten an. Im Job bekam sie eine Abmahnung, weil sie ständig zu spät kam, ihre Arbeit nicht mehr ordentlich machte und sich an manchen Tagen krank meldete ohne eine Krankmeldung vorzulegen. Und an all dem Leid und Elend und all diesen Konsequenzen war in ihren Augen natürlich er schuld, denn sie versuchte doch alles, um ihn davon zu überzeugen, mit ihr zusammen zu bleiben. Sie konnte überhaupt nicht verstehen, warum dieser Mensch sich so eiskalt verhielt, und machte das auch überall deutlich. Das ging so weit, dass sie ihm am Ende sogar narzisstische Züge unterstellte. Sich selbst hielt sie für äußerst empathisch und vor allem liebend.

Es war nicht ich, sondern eine gemeinsame Bekannte, die sie mal durchgeschüttelt hat und ihr klar machte, mit welchen Methoden sie da eigentlich vorgeht. Und am Ende kam heraus, dass dieser Mann überhaupt keine narzisstischen Züge an sich hatte. Er fühlte sich emotional erpresst durch ihr Verhalten. Je mehr sie ihm die leidende Person zeigte, umso weniger fühlte er sich von ihr geliebt. Sein Argument war: Wenn sie mich wirklich lieben würde, dann würde sie doch nicht erwarten, dass ich bei ihr bleibe, obwohl ich sie nicht mehr liebe? Sie zwingt mich zum Bleiben und es ist ihr scheißegal, ob ich dabei glücklich bin oder nicht!

Die gemeinsame Bekannte war mit der Frau sehr eng befreundet und konnte daher einiges erreichen. Sie schaffte es auch, die Frau aus ihrem Selbstmitleid herauszuziehen und dazu zu bewegen, ihr Leben in die Hand zu nehmen – und vor allem die Verantwortung für ihr Handeln. Am Ende ging alles gut aus, heute lachen beide ehemaligen Partner darüber, aber es liegt auch schon viele Jahre zurück. Ein wirklich herzlicher Kontakt ist allerdings nicht mehr möglich, auch heute noch nicht.

Mit dieser Geschichte wollte ich gerne darauf hinweisen, dass es natürlich nicht richtig ist, wenn man die Schuld für so manche Dinge nur beim Partner sucht. Es ist aber ebenso falsch, die Schuld immer und ständig bei sich selbst zu suchen. Ich persönlich habe die Erfahrung gemacht, dass es am besten ist, wenn man mal einen Schritt zurücktritt und versucht, die ganze Sache möglichst objektiv zu sehen. Und dabei das eigene Verhalten zu überprüfen. Wenn du emotional erpresst wirst, ist das furchtbar und natürlich musst du dich wehren. Aber du solltest es auch erkennen, wenn du selbst so handelst.

Am Ende geht es nicht um Schuld, sondern nur um Schuldzuweisungen. Wenn man einfach mal davon ausgeht, dass der andere zwar Fehler macht, man selbst aber auch, gelingt vielleicht ein etwas objektiverer Blick. Und damit auch eine Überprüfung des eigenen Verhaltens. Wenn du der Meinung bist, dass du selbst nicht emotional erpresst, nachdem du dich selbst dahingehend wirklich ehrlich überprüft hast, ist ja alles in Ordnung. Dann kannst du dich über deinen herzlosen und kalten Partner (oder Partnerin!) beklagen. Stellst du allerdings fest, dass du – wahrscheinlich ohne es zu wollen – solche Methoden angewendet hast, musst du an diesem Thema wirklich arbeiten. Warum? Weil es dein Leben besser macht. Weil es deine Beziehung lebendiger werden lässt und deinem Partner die Luft zum Atmen gibt, die jeder Mensch braucht.

Die meisten Menschen, die sich Ratgeber zu solchen Themen kaufen, suchen keine Anleitung, wie sie selbst erpressen können, sondern einen Ausweg aus der emotionalen Erpressung. Daher gehe ich bei meinen Lesern davon aus, dass sie alle eher die Opfer der emotionalen Erpressung sind als Täter. Aber es ist nur vernünftig, das eigene Verhalten immer mal kritisch zu hinterfragen. Nicht mit dem Ziel, sich im Nachgang für alles die Schuld zu geben, sondern einfach nur um herauszufinden, was man selbst zu dieser Situation beigetragen hat. Wirkliche Lösungen findet man nämlich nur, wenn man seinen Eigenanteil erkennt. Auch ich muss mich und mein Handeln regelmäßig überprüfen.

Wer emotional erpresst, denkt nur an sich selbst

Viele Menschen lernen schon als Kind, dass es durchaus hilfreich ist, wenn andere Menschen ein schlechtes Gewissen haben. Das kann man sich ja zunutze machen, und es ist ungeheuer praktisch, denn nichts drückt den Menschen mehr als Schuldgefühle und ein schlechtes Gewissen. Die Taktik funktioniert auch bei vielen Menschen, insbesondere da, wo noch keine Erfahrungen mit den Mitteln und Wegen der emotionalen Erpressung gesammelt werden konnten.

Eine Beziehung, die auf emotionaler Erpressung basiert, vielleicht sogar nur noch dadurch aufrecht erhalten wird, ist für beide Partner giftig. Während der eine ständig das schlechte Gewissen des anderen schüren muss, um das Ziel nicht aus den Augen zu verlieren, kann der Partner mit dem schlechten Gewissen in einer solchen Beziehung fast ersticken, sich in einer scheinbar ausweglosen Situation gefangen fühlen. »Ich kann ihm/ihr das nicht antun«, ist ein häufiges Argument von Menschen, die voll und ganz in der Opferhaltung verharren. Eine manipulierende Beziehung besteht rund um die Uhr und hier sind es die kleinen, scheinbar unwichtigen Details, die zählen. An jedem neuen Tag geschehen neue Dinge, die man dir vorwerfen kann, damit das schlechte Gewissen erhalten bleibt. Dinge, die emotionale Erpresser sich merken, damit sie es dir bei der nächsten Gelegenheit wieder vorwerfen können. Es sei denn, du warst clever, hast die Situation schon zu Anfang der Beziehung durchschaut und der Sache sofort Einhalt geboten, indem du das Spiel nicht mitgespielt hast. Eine solche Beziehung kann durchaus noch in positive Bahnen gelenkt werden. Gelingt dir das nicht, hat die Manipulation erst dann ein Ende, wenn man sich diese Beziehung endgültig vom Hals geschafft hat. Nicht selten fühlt sich das an wie ein Befreiungsschlag.

Wenn dein emotionaler Erpresser also weint, heult, jammert, dir Veränderungen verspricht, zu denen er ohnehin nicht in der Lage ist, dir Vorwürfe macht, dich an seine riesige Liebe und all seine Liebesbeweise erinnert, die er schon erbracht hat, oder dir seine Liebe beleidigt verweigert, solltest du wissen: Es geht hier nicht um dich als Person. Es geht darum, dass Bequemlichkeit nicht aufgegeben werden soll, dass der andere nicht auf sein persönliches Glück verzichten will, dass es ihm unter diesen Umständen auch egal ist, wie du dich dabei fühlen wirst. Besteht die Beziehung noch, soll emotionale Erpressung dich gefügig machen, dich erziehen, dich immer kleiner machen, dir den Platz im Leben zeigen, den ein anderer dir einräumt. Und das, so solltest du dir immer vor Augen halten, hat niemals etwas mit echter Liebe zu tun. Es ist Besessenheit und Besitzdenken und es ist ein Spiel mit Macht und Ohnmacht, bei dem es mindestens einen Verlierer gibt.

Interessant ist, dass emotionale Erpresser sich selbst immer in der Opferrolle sehen. Sie sehen nicht, dass sie vom anderen etwas erzwingen wollen, was derjenige nicht geben möchte – oder nicht geben kann. Wenn du spürst, dass du emotional erpresst wirst, solltest du eines nicht tun: Resignieren, klein beigeben, dem Erpresser seinen Willen lassen. Gefühle können nicht erpresst werden. Liebe kann nicht erpresst werden. Eine Beziehung, die nur mithilfe dieser Art von Manipulation fortbesteht, wird irgendwann in einer großen Katastrophe enden. Lerne, »nein« zu sagen und Grenzen zu ziehen. Du wirst negative Gefühle empfinden, das ist logisch. Wir sprechen hier über Manipulation. Du wirst also Schuldgefühle haben, du wirst Mitleid mit der Person empfinden, du wirst die Richtigkeit deines Tuns anzweifeln. Du wirst zwischendurch sauer sein auf diesen Menschen, dann wieder auf dich, dann fühlst du dich wieder schuldig … es ist ein Kreislauf, in dem du gefangen bist, und um dich besser zu fühlen, musst du diesen Kreislauf verlassen. Vergiss bitte nie: Du darfst zornig sein. Du darfst an dich selbst denken. Du darfst dich an die erste Stelle setzen. Die negativen Gefühle sind nicht echt – sie sind bewusst künstlich erzeugt, du wurdest eiskalt berechnend manipuliert. Mehr nicht!

Schlusswort

Ich habe nun in diesem Ratgeber versucht, die Merkmale der emotionalen Erpressung aufzuzeigen und dir zu verdeutlichen, wie du dich dagegen wehren kannst. Beziehungen und die Situationen, die sich daraus ergeben können, sind aber individuell. Wenn du glaubst, dass du mit emotionaler Erpressung zu tun hast, hilft es dir vielleicht, wenn du die Situationen aufschreibst, zumindest stichpunktartig. Du solltest auch immer aufschreiben, wie du dich in dieser Situation gefühlt hast. Das hilft dir beim Sortieren.

Auflösen kannst nur du alleine die Lage. Nach meiner Erfahrung sind es eher die Opfer emotionaler Erpressung, die durch Lektüre wie diese hier versuchen zu verstehen, was in ihrem Leben passiert. Bleib nicht Opfer von emotionaler Erpressung. Unternimm etwas dagegen. Schreib deine individuellen Situationen und Gefühle auf. Lies das Ganze noch einmal, wenn du ein wenig Abstand dazu gewonnen hast, vielleicht schläfst du eine Nacht drüber. Dann solltest du aber eine Strategie entwickeln.

Eines ist immer wichtig: Ruhe bewahren. Gelassen sein. Das ist die größte Schwierigkeit überhaupt, denn es macht natürlich ungeheuer wütend, wenn man identifizieren kann, was der Partner da versucht. Noch wütender macht es einen Menschen, wenn er feststellen muss, dass er schon seit langer Zeit Opfer emotionaler Erpressung ist, sich oft schlecht fühlte und niemals so recht verstanden hat, warum eigentlich. Und doch ist es wichtig, dass du so ruhig wie möglich bleibst.

Erkenne die aufsteigenden, schlechten Gefühle wie Scham, Schuld oder ein schlechtes Gewissen als das, was sie sind: Gefühle, die durch Manipulation hervorgerufen wurden. Sie sind nicht echt, sondern mit miesen Methoden erzeugt worden. Wenn du das erkennst, kannst du auch deine eigene Strategie entwickeln, eine Strategie, in der das Wichtigste ist, dass du das Spiel nicht mehr mitspielst. Von alleine wird sich nichts ändern! Ich wünsche dir viel Erfolg!

Hat dir dieses Buch gefallen? Dann würde ich mich über eine Rezension freuen.
Ebenso freue ich mich auch über einen Besuch auf meiner Facebook-Seite
https://www.facebook.com/inalingnerbooks

Über die Autorin

Ina Lingner ist in den Sechziger Jahren geboren. Nach einer Ausbildung zur Bürokauffrau absolvierte sie diverse Weiterbildungen und Seminare. Inzwischen ist sie seit über zehn Jahren beratend tätig. Ihre Themen drehen sich um alles, was mit Liebe und Beziehung zu tun hat. Menschen zu stärken, in ihrem Sein, in ihrem Denken und Fühlen, ist ihr Anliegen.

Im Jahre 2014 erschien ihr erstes Sachbuch »Die schwierigste Nebensache der Welt«.

2017 erschien »Die Arschloch-Schublade – so kommst du über deinen Ex hinweg«.

Fragen und Anregungen nimmt die Autorin gerne per E-Mail entgegen: ina_lingner@gmx.de